Heinrich Blanc und Karl Fischer
Gründer zweier Weltfirmen

E.G.O. BLAN

E.G.O. BLAN
E.G.O
E.G.O. BLAN
E.G.O

CO E.G.O. BLANCO E.G.O. BLANCO E.G.O. BLANC
BLANCO E.G.O. BLANCO E.G.O. BLANCO E.G.O.
CO E.G.O. BLANCO E.G.O. BLANCO E.G.O. BLANC
BLANCO E.G.O. BLANCO E.G.O. BLANCO E.G.O.
CO E.G.O. BLANCO E.G.O. BLANCO E.G.O. BLANC
BLANCO E.G.O. BLANCO E.G.O. BLANCO E.G.O.

E.G.O
E.G.O. BLAN
E.G.O
E.G.O. BLAN
E.G.O

E.G.O
E.G.O. BLAN
E.G.O

E.G.O

Heinrich Blanc und Karl Fischer

Gründer zweier Weltfirmen

BLANCO und E.G.O.

von Karl-Heinz Glaser
unter Mitarbeit von Bernd Gillmann und Bernhard Stier

Titel:	Heinrich Blanc und Karl Fischer Gründer zweier Weltfirmen BLANCO und E.G.O.
Titelbild:	Karl Fischer (li.) und Heinrich Blanc (re.), portraitiert von Hans-Peter Fischer
Herausgeber:	E.G.O. und BLANCO
Autoren:	Karl-Heinz Glaser unter Mitarbeit von Bernd Gillmann und Bernhard Stier
Redaktion:	Dieter Moser
Bildnachweis:	Alle Bilder stammen vom Herausgeber, soweit nicht anders vermerkt
Gesamtherstellung:	verlag regionalkultur (vr)
Lektorat:	Andrea Sitzler (vr)
Layout:	Jochen Baumgärtner (vr)
Satz und Gestaltung:	Harald Funke (vr)
Endkorrektur:	Eberhard Guderjahn (vr)
Umschlaggestaltung:	Marc Stoffel (Beaufort 8 GmbH)
Druck:	Esser Druck GmbH

ISBN 978-3-89735-443-2

Bibliographische Information der Deutschen Bibliothek
Die Deutsche Bibliothek verzeichnet diese Publikation in der Deutschen Nationalbibliographie; detaillierte bibliographische Daten sind im Internet über http://dnb.ddb.de abrufbar.

Diese Publikation ist auf alterungsbeständigem und säurefreiem Papier (TCF nach ISO 9706) gedruckt entsprechend den Frankfurter Forderungen.

verlag regionalkultur
ifu – Institut für Unternehmensgeschichte
Heidelberg – Ubstadt-Weiher – Neustadt a.d.W. – Weil a.Rh. – Basel

Korrespondenzadresse
Bahnhofstr. 2 • D-76698 Ubstadt-Weiher
Tel. 07251 36703-0 • Fax 07251 36703-29
E-Mail kontakt@verlag-regionalkultur.de • *Internet* www.verlag-regionalkultur.de

Grußwort

Thomas Nowitzki, Bürgermeister

Mit großer Freude sehen wir der Herausgabe dieses Buches über das Leben und Wirken der Ehrenbürger unserer Gemeinde, Herrn Karl Fischer und Herrn Heinrich Blanc, entgegen.

Oberderdingen wäre ohne die Erfolgsgeschichte der beiden Unternehmerpersönlichkeiten nicht das, was es heute ist! Mit der Partnerschaft zwischen den beiden Firmengründern nach der 1925 erfolgten Gründung der BLANCO durch Heinrich Blanc und dem Umzug 1931 von Karl Fischer mit der E.G.O. aus Oberweiler im Schwarzwald begann ein rascher Strukturwandel unserer ehemals landwirtschaftlich geprägten Gemeinde. Oberderdingen profitierte von guten Steuereinnahmen und der rasant steigenden Zahl der Arbeitsplätze. Wichtig war für die Menschen in der Region die damit verbundene Chance, am wirtschaftlichen Wachstum teilzunehmen und persönlich erfolgreich sein zu können. In Oberderdingen wurde die städtebauliche Entwicklung mit der geschäftigen Bautätigkeit ein Zeichen der Zuversicht und des Vertrauens, verbunden mit den Unternehmen E.G.O. und BLANCO und ihren Firmengründern.

Ihre Bodenständigkeit, ihr Pioniergeist, Wagemut, Fleiß und ihre Kreativität in Verbindung mit einem Vertrauen schaffenden Miteinander sind der Ursprung des Erfolgs. Die Ernennung zu Ehrenbürgern unserer Gemeinde war 1956 ein besonderes Zeichen der Wertschätzung und Dankbarkeit. Weitere große Ehrungen erfolgten durch Bund und Land. Beide Unternehmer haben gemeinsam und dennoch jeder mit der ihm eigenen Persönlichkeit die Verpflichtung für die Zukunft ihrer Unternehmen und darüber hinaus für die Menschen in unserem Raum immer wieder in den Mittelpunkt ihres Schaffens gestellt.

Auch schwierige Zeiten wurden überwunden. Karl Fischer formulierte es einmal so: „Wenn es hart wird, erst recht zusammen stehen“. In den letzten Jahren freuen wir uns in Oberderdingen über die hohen Investitionen der beiden heute in der E.G.O.-Gruppe verbundenen Familienunternehmen als Zeichen einer besonderen Standorttreue. Besonders erfreulich sind dabei die Investitionen zur Stärkung von Forschung und Entwicklung.

Dankbar sind wir den Gründervätern Karl Fischer und Heinrich Blanc. Ebenso wie allen bis heute Verantwortlichen in beiden Unternehmen. Der Dank geht auch an die Gesellschafterfamilien Blanc und Fischer, die uns stets die Verbundenheit zu Oberderdingen spüren ließen.

Oberderdingen … – alles zum Leben! Mit Zuversicht und Vertrauen setzen wir auf eine erfolgreiche und gemeinsame Zukunft unserer Gemeinde mit den Unternehmen E.G.O. und BLANCO.

Thomas Nowitzki, Bürgermeister
im Oktober 2008

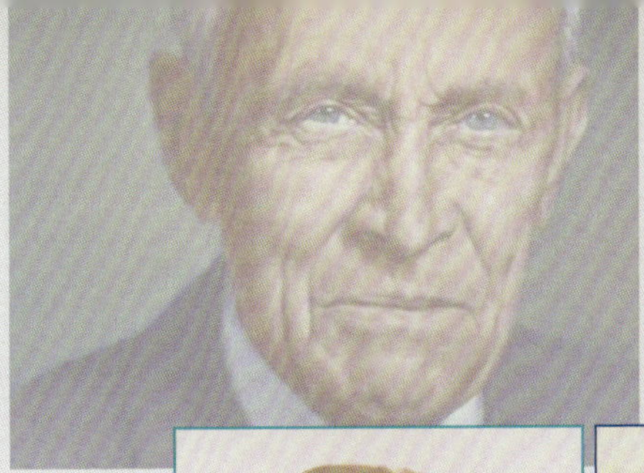

Vorwort

Dorothee Fischer

Frank Straub

Aus der einst verschlafenen, ländlichen Region um Oberderdingen im Kraichgau ist in wenigen Jahrzehnten eine blühende, ländliche Industrielandschaft geworden. Dieser Wandel ist zwei herausragenden Unternehmerpersönlichkeiten, Heinrich Blanc und Karl Fischer, zu verdanken. Der eine, geboren in der Region, dort zu Hause und im Jahre 1925 Gründer der BLANCO, der andere aus Oberweiler (Badenweiler) im Markgräflerland, ebenfalls 1925 Gründer der Schwarzwälder-Zangenkontakt-Werkstätte Oberweiler, ab 1927 Elektro-Gerätebau Oberweiler (E.G.O.).

Die beiden sehr verschiedenen Unternehmerpersönlichkeiten haben zunächst getrennt, dann gemeinsam Industriegeschichte in der Küchentechnik geschrieben.

Karl Fischer als Protagonist des elektrischen Kochens seit den 20er Jahren, Heinrich Blanc als passionierter Metallverarbeiter, der Anfang der 50er Jahre den Werkstoff Edelstahl in der privaten und Großküche eingeführt hat.

Die gemeinsame Gründung der E.G.O. im Jahre 1931 in Oberderdingen stellt dabei einen besonderen industriellen Meilenstein dar. Es gibt wenige „50:50" Joint Ventures zwischen zwei Persönlichkeiten und ihren Familienstämmen, die über Jahrzehnte vertrauensvoll und zum Wohle der Region und ihrer Menschen zusammengearbeitet haben.

Noch heute halten die Familienstämme paritätisch jeder 40 Prozent, nachdem 2001 die baden-württembergische Kapitalbeteiligungsgesellschaft zur Entschärfung des Erbschaftsproblems für die Gesellschafter mit 20 Prozent Anteilseigner wurde.

Die Strahlkraft beider Persönlichkeiten nach innen und außen wirkt noch heute und die Faktoren ihres Erfolges lesen sich wie ein Lehrbuch des industriellen Unternehmertums.

Viele ihrer besonderen Eigenschaften werden immer wieder als Erfolgsgeheimnisse in den unterschiedlichsten Publikationen erwähnt.

Gemeinsam war bei beiden die Erdverbundenheit, aus bürgerlichen bzw. bäuerlichen Verhältnissen stammend. Die Bodenständigkeit ist in den von ihnen gegründeten Firmen bis heute nicht verlorengegangen. Dieses Buch ist eine Würdigung der beiden faszinierenden Unternehmerpersönlichkeiten und soll ihr vorbildliches Handeln sichtbar machen und helfen, es auch in der Zukunft wirken zu lassen.

Dieses Buch ist aber auch gewidmet den vielen Wegbegleitern und Nachfolgern, die ihre Visionen weitergetragen haben, und unterstreicht den besonderen Stellenwert der unzähligen Mitarbeiter, die mitentscheidend für den Erfolg waren.

Bedanken möchten wir uns bei den Autoren, dem verlag regionalkultur und seinen Mitarbeitern sowie bei Karin Urban, Irene Leonhardt und Hans-Dieter Radke, die die Arbeit unterstützt haben. Unser Dank gilt insbesondere auch Herrn Dr. Dieter Moser, der das Werk von Anfang an redaktionell betreut hat und die Abstimmungen zwischen den Unternehmen erfolgreich zu Ende führte.

Dorothee Fischer und Frank Straub
im Oktober 2008

Inhalt

Das Geburtshaus von Heinrich Blanc in Großvillars, um 1950

Die „Fischermühle" in Oberweiler, um 1900

1. Heinrich Blanc und Karl Fischer – Die Wurzeln liegen in Großvillars und Oberweiler

Der Name „Elektro-Gerätebau Oberderdingen" lässt vermuten, dass die Wurzeln dieses von Karl Fischer gegründeten Unternehmens ebenso im Kraichgau liegen wie bei der BLANCO, die Heinrich Blanc 1925 in Oberderdingen und damit in unmittelbarer Nähe zu seinem Geburtsort Großvillars ins Leben gerufen hatte. Doch das „O" im Firmennamen E.G.O. stand ursprünglich für Oberweiler. Blicken wir also zunächst auf diesen kleinen Ort am Südrand des Schwarzwaldes, in dem Karl Fischer am 3. März 1893 geboren wurde.[1]

Das zu Badenweiler gehörende Oberweiler liegt im Markgräflerland, einer herrlichen Landschaft zwischen Freiburg und Basel. Heute zählt Badenweiler rund 4000 Einwohner und ist dank seiner Thermalquellen vor allem als Kurort bekannt. Die heilenden Quellen wussten schon die Römer zu schätzen. So errichteten sie bereits im Jahre 75 n. Chr. eine Siedlung, die vermutlich den Namen „Aqua Villae" (Wasserstadt) trug. Die Ruinen dieses römischen Bades kann man heute noch besichtigen. Sie befinden sich unterhalb der sogenannten Cassiopeia-Therme, einer der schönsten Thermen in Süddeutschland. Viele bekannte Persönlichkeiten hielten sich in Badenweiler zur Kur auf, unter anderem der russische Schriftsteller Anton Pawlowitsch Tschechow (der hier auch verstarb), Hermann Hesse oder die Bundespräsidenten Theodor Heuss und Johannes Rau.

Karl Fischers Vater war Müller und Bürgermeister von Oberweiler sowie Mitglied des Kreisrates in Müllheim. Seine Mutter stammte aus einem Hotel in Badenweiler. Schon als kleiner Junge war Karl von den technischen Abläufen in der Mühle seines Vaters fasziniert und interessierte sich für alle Details. Bald erkannten die Eltern, dass ihr Sohn technisch hoch begabt war. Trotzdem wollte der Vater, dass sein Sohn den Beruf des Bäckers erlernt, um eines Tages die Bäckerei zu übernehmen, die zur Mühle gehörte. Da sich Karl Fischer aber zur Technik hingezogen fühlte, musste er seinem Vater sagen, dass er den elterlichen Betrieb nicht übernehmen könne. Er besuchte – auf Drängen des Vaters – die Oberrealschule in Freiburg, um anschließend Elektrotechnik an der Technischen Hochschule in Karlsruhe zu studieren.

ELEKTROTECHNIK ALS „HIGH TECH"-WISSENSCHAFT

Karl Fischer, dem Müllersohn aus dem Markgräflerland, war die Energiegewinnung aus Wasserkraft bestens vertraut; Wasserräder und Turbinen zur mechanischen Energieumwandlung kannte er aus täglicher eigener Anschauung. Diese Erfahrungen sensibilisierten Fischer und weckten sein Interesse an der Elektrizitätsgewinnung aus Wasserkraft und an der Elektrotechnik, die damals als innovative und zukunftsträchtige Technologie galt. Kurz vor dem Ersten Weltkrieg nahm Karl Fischer das Studium der Elektrotechnik in Karlsruhe auf.
Die ersten Lehraufträge bzw. Lehrstühle für das zukunftsträchtige Fachgebiet Elektrotechnik in Deutschland waren ab 1882 an den Technischen Hochschulen in Stuttgart, Darmstadt und Berlin eingerichtet worden. An der 1825 gegründeten Technischen Hochschule Karlsruhe wurde der Studiengang Elektrotechnik seit 1883 gelehrt, 1885/86 der Studiengang Elektrotechnik eingeführt und 1894 der erste Lehrstuhl besetzt. Damit reagierten die Landesregierungen auf die Entwicklung der elektrotechnischen Industrie und der Elektrizitätswirtschaft in Deutschland. Diese beiden dynamischen Branchen benötigten immer mehr speziell ausgebildete Fachkräfte, da sie seit den 1880er Jahren – basierend auf der Erfindung der elektrischen Beleuchtung und der elektrischen Energieerzeugung bzw. Kraftübertragung – einen regelrechten Boom erlebten. Vor allem Darmstadt entwickelte sich zum Mekka der Elektrotechniker, und die Absolventen der TH besetzten wichtige Posten in der Forschung und in der aufblühenden Industrie.

Als der Erste Weltkrieg ausbrach, wurde Karl Fischer zum Kriegsdienst eingezogen und diente als Offizier in Frankreich und an der russischen Front. Nach seiner Rückkehr in die Heimat sollte Karl Fischer – da sein älterer Bruder 1915 in Frankreich gefallen war – gemäß der Familientradition das elterliche Anwesen mit Mühle und Landwirtschaft übernehmen. Doch schon bald widmete sich Karl Fischer erneut seiner Leidenschaft: der Technik. Im Jahre 1925 gründete er in seinem Heimatort Oberweiler mit zwei Partnern die „Schwarzwälder Zangenkontakt-Werkstätte". Produziert wurde Installationsmaterial. Bereits zwei Jahre später, 1927, wandte sich Karl Fischer schließlich der Elektrowärme zu, weil er die enormen Chancen der Elektrifizierung des Haushaltes erkannt hatte. Die ersten von ihm produzierten Geräte waren Einzel- und Doppelkocher, aber auch komplette Elektroherde und Elektrobacköfen für Haushalt und Gewerbe einschließlich der für diese Elektrogeräte benötigten Komponenten wie Heiz- und Regulierungselemente (Schalter und Steuerungen). Der ursprüngliche Name passte nicht mehr zu dieser neuen Ausrichtung der Firma. Entsprechend benannte Karl Fischer das Unternehmen 1927 in „Elektro-Gerätebau GmbH Oberweiler" (E.G.O.) um.

Wiederum zwei Jahre später sollte eine Postkarte aus Oberderdingen vieles im Leben von Karl Fischer verändern. Absender war der Unternehmer Heinrich Blanc, der 1925 die Metallwarenfabrik Blanc & Co. gegründet hatte und mit 30 Mitarbeitern kupferverzinnte Herdwasserschiffe für die regionale Herdindustrie produzierte. Blanc, der bei der M.A. LÄMMLE AG, später MALAG, in Bretten eine kaufmännische Lehre absolviert hatte, erkannte den Lieferengpass bei den Heißwasserbehältern der Kohleherde und machte daraus ein florierendes Geschäft. Schon 1927 konnten die ursprünglichen zwei Holzbaracken gegen eine massive Fabrikhalle getauscht werden. Doch bevor wir auf die spannende Postkartengeschichte zurückkommen, wollen wir uns die Kraichgauer Heimat Blancs etwas näher anschauen.

Heinrich Blanc wurde am 11. Dezember 1896 in Großvillars, einem heutigen Ortsteil von Oberderdingen, geboren.[2] Die Gemeinde, damals Oberamt Maulbronn und später Kreis Vaihingen/Enz, gehört heute zum Landkreis Karlsruhe und zählt rund 10 000 Einwohner. Aus der Statistik um 1900, also zur Kindheit von Heinrich Blanc, entnehmen wir für Oberderdingen die Zahl von 279 Wohnhäusern, in denen 1919 Menschen lebten, von denen fast alle evangelisch waren. Die erste Erwähnung von Derdingen – so der frühere Name für die beiden Ortsteile Ober- und Unterderdingen[3] – findet man in den Chroniken des Klosters Lorsch im Jahre 766. Die Gemeinde besteht seit der Gemeindereform 1973 aus dem Kernort Oberderdingen mit Flehingen und Großvillars.

Der Geburtsort Heinrich Blancs wurde 1699 von sogenannten Waldensern, Glaubensflüchtlingen aus dem Piemont, gegründet. Der Name geht zurück auf den Ende des 12. Jahrhunderts in Lyon lebenden Bußprediger Petrus Waldus. Als seine Anhänger im Jahre 1699 gezwungen waren, ihre Heimat zu verlassen, entschloss sich der württembergische Herzog Eberhard Ludwig, die ca. 3 000 Flüchtlinge in seinem Land aufzunehmen, das durch den Dreißigjährigen Krieg stark verwüstet und entvölkert war. Neben Großvillars entstanden in der Region weitere Siedlungen.

Eine Gruppe von 361 Waldensern, die aus dem Ort Villar Perosa westlich von Turin stammte, wurde in der Nähe von Derdingen angesiedelt.

UNWEIT VON OBERWEILER: DIE ERSTEN GROSSEN WASSERKRAFTWERKE AM HOCHRHEIN

Ganz in der Nähe von Karl Fischers Geburtsort Oberweiler entstanden am Hochrhein oberhalb von Basel gegen Ende des 19. Jahrhunderts die ersten großen Wasserkraftwerke zur Elektrizitätserzeugung. Sie zeigten, welches Potential diese Zukunftstechnologie für Industrie, Gewerbe und Haushalte besaß, und hielten damit die Menschen in der Region in Atem. Zugleich entstand in den Medien, in der Verwaltung und in der Öffentlichkeit eine Diskussion über die soziale und politische Bedeutung des elektrischen Stroms.

Um 1890 steckte die Elektrizitätswirtschaft auch im Großherzogtum Baden noch in den Anfängen. Die Wasserkraft an Rhein und Neckar sowie im Schwarzwald wurde allenfalls für den lokalen Bedarf genutzt; in den größeren Städten arbeiteten vereinzelt Dampfkraftwerke von beschränkter Kapazität. So ergab eine erste Bestandsaufnahme des Karlsruher Innenministeriums im Jahr 1890 155 Elektrizitätswerke in 61 Gemeinden, davon allein 34 in der Industriemetropole Mannheim. Dabei handelte es sich ausschließlich um kleinere Einzel- oder Blockanlagen zur Versorgung von Gewerbebetrieben, öffentlichen Gebäuden, Bahnhöfen und Bahnhofswerkstätten mit Licht und Kraft. Mit Ausnahme zweier Werke in Kehl und Zell im Wiesental leistete damals keines der lokalen badischen Wasserkraftwerke mehr als 500 kW. Von den während dieses Jahrzehnts errichteten Dampfzentralen (u. a. Baden-Baden, Heidelberg, Rheinau bei Mannheim, Wiesloch) überschritt nur das Städtische Elektrizitätswerk im Mannheimer Industriehafen (2500 kW) die Ausbaugröße von 1000 kW. Die Elektrizitätswirtschaft im großen Maßstab begann für Baden bei Rheinfelden am Hochrhein, flussaufwärts von Basel und keine 50 km von Badenweiler entfernt gelegen. Dort nahm 1898 ein Konsortium unter Führung des Branchenriesen AEG eine Anlage von etwa 16000 PS Leistung – damals das größte europäische Laufwasserkraftwerk – in Betrieb. In der Folgezeit siedelten sich zahlreiche Unternehmen vor allem aus der Elektrochemie an, und die Umgebung von Rheinfelden entwickelte sich zur aufstrebenden Industrieregion mit „beinahe amerikanischem Charakter", wie eine zeitgenössische Werbebroschüre stolz verkündete. Weitere Kraftwerke gingen 1912 bei Augst-Wyhlen (30000 PS) und 1914 bei Laufenburg (50000 PS) in Betrieb. Hauptabnehmer waren neu angesiedelte Großbetriebe der Elektrochemie. Sie erzeugten Aluminium und chemische Grundstoffe wie Chlor, Stickstoffdünger oder das Bleichmittel Natriumperborat, das 1907 als Henkels „Persil" seinen Siegeszug durch die deutschen Waschküchen antrat. Daneben versorgten die Elektrizitätswerke auch das Gewerbe – vor allem die Textilindustrie – und die privaten Haushalte in der Region.

Das hierfür nötige Land mussten die Gemeinde und das benachbarte Knittlingen zur Verfügung stellen: das sogenannte Waldensergut. So entstand die „Communaute de Villars" mit den beiden Ortsteilen Groß- und Kleinvillars. Unter den ca. 50 Familiennamen der Siedlung findet sich auch der Name Blanc. Die Neuankömmlinge begannen sogleich, das nach den Kriegszeiten verwilderte und verwachsene Land zu kultivieren. Schon bald siedelten sich auch die ersten Deutschen in Großvillars an. 1826 wurden die beiden Orte Großvillars und Kleinvillars, die bisher eine Gemeinde gebildet hatten, voneinander getrennt und 40 Jahre später kam es sogar zur Teilung von Großvillars zwischen Knittlingen und Oberderdingen. Zu dieser Zeit zählte Großvillars 536 Einwohner. Doch die Kreisreform brachte den Ort 1973 unter dem Dach von Oberderdingen wieder zusammen.

Wie wir aus zahlreichen Schilderungen wissen, wurde Heinrich Blanc stark von der Glaubensrichtung der Waldenser, aber auch von deren weltoffenen Mentalität geprägt.

Der Ortskern von Derdingen, um 1920

AUFBAU DER FLÄCHENDECKENDEN STROMVERSORGUNG: STAAT, KOMMUNEN ODER PRIVATWIRTSCHAFT?

In der Frühphase der Elektrifizierung zeigte sich, dass private Unternehmen Elektrizitätswerke nur in Städten und dicht besiedelten Ballungsräumen errichteten, wo mit ausreichender Nachfrage von Gewerbe, Industrie und privaten Haushalten zu rechnen war und keine weitläufigen – d. h. teuren – Leitungsnetze benötigt wurden. Die Versorgung des ländlichen Raums mit dem relativ niedrigen Verbrauch von Landwirtschaft und Haushalt war für gewinnorientierte Unternehmen nicht rentabel und wurde deshalb vernachlässigt. Das Problem lösten die beiden südwestdeutschen Staaten auf unterschiedliche Weise: Im Großherzogtum Baden nahm der Staat den Aufbau der Stromversorgung in die Hand. Dazu wurde seit 1912 bei Forbach im nördlichen Schwarzwald ein großes Wasserkraftwerk, das „Murgwerk", errichtet und in den 1920er Jahren um das „Schwarzenbachwerk", ein Pumpspeicherkraftwerk mit dem Staubecken an der Schwarzenbachsperre, erweitert. Zunächst übernahm eine staatliche Behörde, seit 1921 die staatliche „Badenwerk AG" Erzeugung, Transport und Verteilung des elektrischen Stroms in Nordbaden. Auch in der Bodenseeregion sowie im badischen Bauland zwischen Neckar, Jagst, Main und Tauber entstand ein staatliches Stromnetz. Bereits 1919 waren in Baden 62 Prozent der Gemeinden (1924: 96,6 Prozent, 1929: 99,4 Prozent) und 83 Prozent der Einwohner mit Elektrizität versorgt, besaßen also die Möglichkeit, ihren Haushalt an das Elektrizitätsnetz anschließen zu lassen. In Württemberg, wo die Tradition der kommunalen Selbsthilfe stärker verankert war und sich in der Wasserversorgung bereits bewährt hatte, übernahmen dagegen die Gemeinden den Aufbau der Stromversorgung.
Kommunale und staatliche Stromversorgung sollten zugleich private Elektrizitätsmonopole und die Ausbeutung des Stromverbrauchers durch die Elektrizitätsgesellschaften verhindern. Ziel war die gemeinnützige Versorgung mit elektrischer Energie nach dem Selbstkostenprinzip. Die Diskussion über dieses politische Problem war anlässlich des Baus der großen Wasserkraftwerke am Hochrhein und der Dampfkraftwerke in den größeren Städten Südwestdeutschlands in Gang gekommen und wurde vor allem in den Landtagen von Baden und Württemberg ausgetragen. Der Staat, so das Ergebnis, sollte durch gesetzliche Maßnahmen und durch eigene unternehmerische Tätigkeit dafür sorgen, dass die Segnungen der Elektrizität der Allgemeinheit zugutekamen und dass Wirtschaft und Privathaushalte mit möglichst preiswertem Strom beliefert wurden. Die erwartete Steigerung des Stromverbrauchs sollte das Wirtschaftswachstum fördern, daneben auch die Arbeit im mittelständischen Gewerbebetrieb, in der Landwirtschaft und im Haushalt erleichtern.

Nächtlicher Besuch des Bürgermeisters bringt zwei Unternehmer zusammen

Zu Beginn des Jahres 1931 war Karl Fischer in Mühlhausen/Enz, um auf Einladung des Gemeindeverbandes Enzkreis den Bürgermeistern der Region seine Vision des elektrischen Kochens näher zu bringen. Der Oberderdinger Bürgermeister Paul Burger schien von dem Ingenieur aus Südbaden begeistert gewesen zu sein, denn auf dem nächtlichen Heimweg weckte er seinen Freund Heinrich Blanc und erzählte ihm von seinen Eindrücken. Blanc, der als Lieferant in der traditionellen Herdindustrie tätig war, erkannte als findiger Kaufmann das enorme Potenzial der neuen Technik und schon bald, am 20. Februar 1931, ließ er eine Postkarte nach Oberweiler schicken, die sein Anliegen kurz und knapp formulierte: „Ihre Adresse verdanken wir dem Gemeinde-Verband Enzberg-Mühlhausen und erlauben uns bei Ihnen anzufragen, ob Sie Heizkörper für Warmwasserspeicher anfertigen. Falls Sie diese herstellen, wird unser Herr Blanc, der sowieso die nächste Woche in dortiger Gegend ist, bei Ihnen vorsprechen." Die Antwort kam prompt. Schon am nächsten Tag schrieb Karl Fischer nach Oberderdingen ebenso kurz wie positiv: „Wir würden die Anfertigung der Heizkörper für Warmwasserspeicher gerne übernehmen. Wir sehen deshalb dem Besuch des Herrn Blanc gerne entgegen."[4]

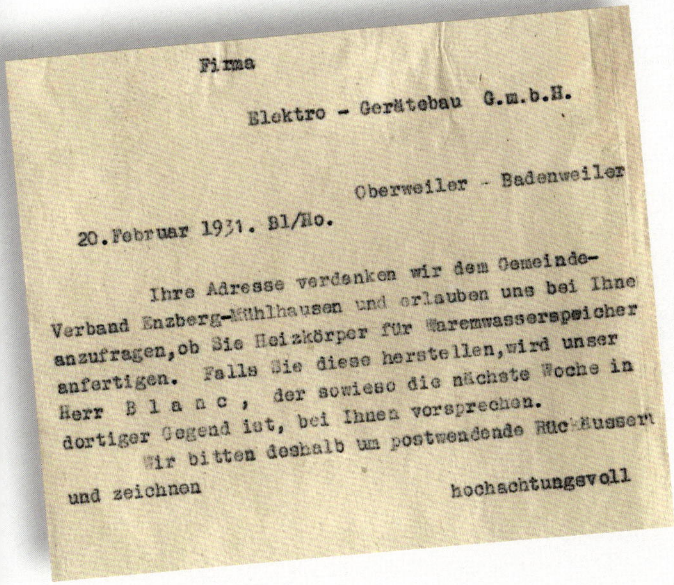
Firma
Elektro - Gerätebau G.m.b.H.
Oberweiler - Badenweiler
20.Februar 1931. Bl/Ho.
Ihre Adresse verdanken wir dem Gemeinde-
Verband Enzberg-Mühlhausen und erlauben uns bei Ihnen
anzufragen,ob Sie Heizkörper für Warmwasserspeicher
anfertigen. Falls Sie diese herstellen,wird unser
Herr Blanc, der sowieso die nächste Woche in
dortiger Gegend ist, bei Ihnen vorsprechen.
Wir bitten deshalb um postwendende Rückäusserung
und zeichnen hochachtungsvoll

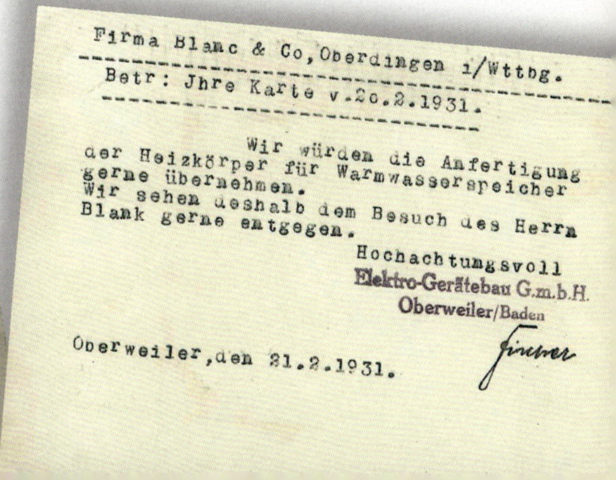
Firma Blanc & Co,Oberdingen i/Wttbg.
Betr: Jhre Karte v.20.2.1931.
Wir würden die Anfertigung der Heizkörper für Warmwasserspeicher gerne übernehmen.
Wir sehen deshalb dem Besuch des Herrn Blank gerne entgegen.
Hochachtungsvoll
Elektro-Gerätebau G.m.b.H.
Oberweiler/Baden
Oberweiler,den 21.2.1931.

KOMMUNALE ELEKTRIZITÄTSWIRTSCHAFT IN WÜRTTEMBERG – DER „GEMEINDEVERBAND ELEKTRIZITÄTSWERK ENZBERG"

In Württemberg schlossen sich die Gemeinden beim Aufbau der Stromversorgung zu kommunalen Zweckverbänden bzw. zu Bezirksverbänden zusammen. Erst 1939 entstand die „Energie-Versorgung Schwaben AG" als zentrales Erzeugungs- und Verteilungsunternehmen in Württemberg. In der nordwestlichen Ecke Württembergs zwischen Vaihingen/Enz und Bretten bzw. Pforzheim entstand 1909 der „Gemeindeverband Elektrizitätswerk Enzberg" (GVE). Zu seinen Gründungsmitgliedern gehörten u. a. die Gemeinden Sternenfels, Diefenbach, Kleinvillars und Zaisersweiher. An der Enz zwischen Enzberg und Mühlacker errichtete der Verband in den Jahren 1909 bis 1911 ein Wasserkraftwerk mit einer Leistung von 540 PS. In Maulbronn, Vaihingen und Mühlacker bestanden lokale Elektrizitätswerke.
Die Elektrizitäts-Zweckverbände bemühten sich, den Stromabsatz zu steigern und die Einwohner der von ihnen versorgten Gemeinden von den Vorteilen der Elektrizitätsverwendung in Haushalt und Landwirtschaft zu überzeugen; seit den 1920er Jahren propagierten sie durch Vorträge, Vorführungen, Kurse und Ausstellungen die Idee des elektrischen Kochens. Aus einer solchen Vortragsveranstaltung des Gemeindeverbands Elektrizitätswerk Enzberg, auf der Karl Fischer referierte, ging die Zusammenarbeit zwischen Fischer und Blanc hervor.

Dieser Besuch muss für beide Unternehmer sehr beeindruckend verlaufen sein, denn noch im gleichen Jahr erfolgte der Entschluss, die E.G.O. als gemeinsames Unternehmen zu gleichen Anteilen weiterzuführen – und nach Oberderdingen überzusiedeln. Das „O" im Firmennamen stand also künftig nicht mehr für Oberweiler, sondern für Oberderdingen, dessen Bürgermeister Burger sicher nicht ahnen konnte, welch weitreichende Folgen der nächtliche Besuch bei Heinrich Blanc für seine Gemeinde haben sollte.

Die Übersiedlung in den Kraichgau war für Karl Fischer gewiss kein einfacher Schritt, persönlich wie geschäftlich. Schließlich musste er seinen Heimatort verlassen und in einer gesamtwirtschaftlich äußerst schwierigen Zeit – Deutschland befand sich im Zuge der Weltwirtschaftskrise in einer tiefen Rezession – im fernen Oberderdingen einen Neuanfang wagen.

Doch er hat gesehen, dass ihm mit Heinrich Blanc ein starker Partner zu Seite stand, der fest in der Region verwurzelt war und beste Kontakte zu Politik und Wirtschaft unterhielt.

Karl Fischer hat aufgrund seiner Erfahrungen in Oberweiler erkannt, dass es für ein kleines Unternehmen schwierig ist, komplette Elektrogeräte herzustellen. Die Beschränkung auf Komponenten bietet außerdem die Möglichkeit, alle Herdfirmen zu beliefern und den Markt zu öffnen. Diese Strategie kam auch dem neuen Partner Heinrich Blanc entgegen, der seinen Kunden keine Konkurrenz machen wollte. So wurde 1931 mit 13 Mitarbeitern die Fertigung von Kochplatten, Backofenbeheizungen, Reglerschaltern und Backofenheizkörpern aufgenommen. Die Erfolgsgeschichte der E.G.O. nahm parallel zur BLANCO ihren Lauf und der Weinort Oberderdingen sollte sich in wenigen Jahrzehnten zu einem bedeutenden Industriestandort entwickeln.

Derdingen, um das Jahr 1900

Heinrich Blanc und Karl Fischer – Biographische Daten

Heinrich Blanc

11. Dezember 1896	Heinrich Blanc wird in Großvillars als Sohn des Wagners Jakob Blanc und dessen Ehefrau Wilhelmine Jakobine, geb. Servay, geboren. Die Erziehung ist geprägt durch den „Geist der Waldenser", die Großvillars im Jahr 1700 gegründet hatten.
	Nach der Schulzeit absolviert Heinrich Blanc eine kaufmännische Lehre bei der Brettener Herdfabrik M.A. Lämmle, später MALAG. Schon in dieser Zeit hat er die Vision, in Oberderdingen einmal einen eigenen Betrieb zu gründen.
1915–1918	Heinrich Blanc erhält als Soldat im Ersten Weltkrieg mehrere Auszeichnungen.
1. April 1925	Heinrich Blanc gründet gemeinsam mit August Treffinger, der nach vier Jahren wieder ausscheidet, die Blanc&Co. Metallwarenfabrik Oberderdingen. In den Anfangsjahren besucht Blanc seine süddeutschen Kunden mit dem Motorrad.
20. August 1921	Heinrich Blanc heiratet Else, geb. Häcker. Aus der Ehe gehen vier Kinder, drei Töchter und ein Sohn, hervor.

Heinrich Blanc mit seiner Frau Else
und der ältesten Tochter Gerti

Heinrich Blanc (v.re.) in geselliger Runde mit Bürgermeister Burger (hi.re.)

Oktober 1945–Dezember 1946	Heinrich Blanc befindet sich aufgrund von Denunziationen im Internierungslager und muss sich einem langwierigen Entnazifizierungsverfahren unterziehen.
April 1948	Heinrich Blanc wird vom Vorwurf, ein aktiver Nationalsozialist gewesen zu sein, freigesprochen und kann seine Tätigkeit im Betrieb wieder aufnehmen.
1957	Die Gemeinde Oberderdingen verleiht Heinrich Blanc gemeinsam mit Karl Fischer die Ehrenbürgerschaft und würdigt damit herausragende Verdienste um die wirtschaftliche Entwicklung der Gemeinde.
8. April 1960	Heinrich Blanc stirbt nach längerer Krankheit im Alter von 63 Jahren und wird unter großer Anteilnahme der Belegschaft und der Öffentlichkeit beigesetzt. Sein Sohn Heinz Blanc übernimmt die Leitung des Unternehmens.
1996	Aus Anlass des 100. Geburtstages von Heinrich Blanc wird die Schule in Großvillars nach ihm benannt.

Karl Fischer

3. März 1893	Karl Fischer wird in Oberweiler als Sohn des Müllers und Bürgermeisters Karl und dessen Ehefrau Elise, geb. Meißburger, als 5. von 9 Kindern geboren. Schon als kleiner Junge interessierte er sich sehr für die technischen Abläufe in der Mühle. Er besuchte die Grundschule in Oberweiler, die Realschule in Müllheim und die Oberrealschule in Freiburg.
1913–1914	Nach dem Abitur beginnt Karl Fischer mit dem Studium der Elektrotechnik an der Technischen Hochschule Karlsruhe, das jedoch durch den Ersten Weltkrieg unterbrochen wird. Der Vater war bereits gestorben.
1914–1918	Karl Fischer wird als Offizier in Frankreich und an der Ostfront eingesetzt. Der ältere Bruder fällt im Krieg, wodurch Karl eine besondere Verantwortung für die Familie zufällt.
nach 1918	Karl Fischer arbeitet zunächst in der heimischen Mühle, erkennt jedoch bald, dass sich dieser Betrieb finanziell nicht trägt und seiner technischen Begabung auch nicht entspricht. Die Mühle wird verpachtet. Nachdem sich Fischer zunächst mit dem Werkzeugbau beschäftigte und ein Praktikum in der Schweiz absolvierte, wendet er sich konsequent der Elektrotechnik als innovativer Technologie zu.
1925	Gründung der „Schwarzwälder Zangenkontakt-Werkstätte Oberweiler", die 1927 in „Elektro-Gerätebau GmbH Oberweiler" umbenannt wird.
	Karl Fischer war in erster Ehe mit Dorothee, geb. Fikentscher, und in zweiter Ehe mit Rosemarie, geb. Fikentscher, verheiratet. Aus den beiden Ehen gingen 11 Kinder hervor.

1931	Nach dem Einstieg von Heinrich Blanc entscheidet sich Karl Fischer für die Verlegung der Produktion nach Oberderdingen.
1940	Karl Fischer gründet den E.G.O.-Unterstützungsverein für in Not geratene Familien von Mitarbeitern.
1945	Karl Fischer wird in dem obligatorischen Entnazifizierungsverfahren entlastet.
1957	Die Gemeinde Oberderdingen verleiht Karl Fischer gemeinsam mit Heinrich Blanc die Ehrenbürgerschaft und würdigt damit seine herausragenden Verdienste um die wirtschaftliche Entwicklung der Gemeinde.
4. September 1958	Karl Fischer erhält das Große Verdienstkreuz des Verdienstordens der Bundesrepublik Deutschland. Baden-Württembergs Wirschaftsminister Dr. Veit würdigt anlässlich der Verleihung in Oberderdingen die großen unternehmerischen Leistungen Fischers ebenso wie dessen soziales Engagement für die damals über 2000 Mitarbeiter der E.G.O.
Ende 1958	Karl Fischer nimmt die Ehrungen zum Anlass für die Gründung einer Wohlfahrtsstiftung mit einem Vermögen von 30000 DM, mit deren Hilfe sozial schwächere Familien von Belegschaftsangehörigen unterstützt werden sollen.
3. März 1973	Unter großer Anteilnahme der Belegschaft und der Öffentlichkeit feiert Karl Fischer seinen 80. Geburtstag. Direktor Heinz Treffinger übergibt dabei die Unterschriften der über 6000 Mitarbeiter als besonderen Glückwunsch. Aus Anlass des Geburtstages wird auch eine Gedenkmünze geprägt.
1977–1984	Unter den zahlreichen internationalen Auszeichnungen ragen der Große Tiroler Adlerorden und die Urkunde der Wirtschaftskammer Sloweniens hervor.
3. März 1983	Karl Fischer kann seinen 90. Geburtstag feiern. Der Präsident des Deutschen Patentamtes, Dr. Erich Häußer, würdigt vor allem die überragende Leistung Fischers als Erfinder, die seit 1924 zu über 150 Patenten geführt hat.
1984	Als weitere herausragende Ehrung erhält Karl Fischer die Verdienstmedaille des Landes Baden-Württemberg.
3. Juli 1985	Karl Fischer stirbt im Alter von 92 Jahren und wird unter großer Anteilnahme in Oberderdingen beigesetzt. Bis in seine letzten Lebensjahre hat er sich aktiv um die betrieblichen Angelegenheiten der E.G.O. gekümmert.

In diesen Baracken begann Heinrich Blanc 1925 mit der Produktion von Herdwasserschiffen.

2. Gründung und Aufstieg der BLANCO

Die Erfolgsgeschichte nahm in zwei unscheinbaren Holzbaracken in Oberderdingen und mit wenigen Mitarbeitern ihren Anfang: Im Januar 1925 gründete der 28-jährige Kaufmann Heinrich Blanc die Firma Blanc & Co., um für die regionale Herdindustrie kupferverzinnte Herdwasserschiffe zu produzieren. Doch die Baracken standen ursprünglich in Durlach. Blanc hat sie – nicht ohne um den Kaufpreis zu feilschen – von der Chemischen Fabrik erworben und beauftragte seine ersten beiden Mitarbeiter, die neu erworbenen Holzhütten mit dem Zug von Durlach nach Derdingen zu transportieren und hier wieder aufzubauen.[1]

Schon während seiner Lehrjahre bei der Brettener Firma M.A. LÄMMLE AG muss Heinrich Blanc an die spätere Gründung eines eigenen Unternehmens gedacht haben. Als er mit anderen Pendlern aus Derdingen, die in Bretten oder Karlsruhe arbeiteten, auf dem beschwerlichen Weg zum Flehinger Bahnhof war, sagte er: „Glaubt mir, es kommt noch eine Zeit, da ihr in Derdingen arbeiten werdet."[2]

Durch seine kaufmännische Lehre bei einem Herdproduzenten hatte Heinrich Blanc beste Einblicke in die Branche und erkannte in den chronischen Lieferengpässen der Wasserschiffe seine Chance. Doch vielleicht sollten wir erst einmal verdeutlichen, was „Herdwasserschiffe" eigentlich sind?

Wir befinden uns – zumal in ländlichen Regionen – noch ganz im Zeitalter der Holz- und Kohlenherde, wie sie in jeder Küche standen und zum Kochen und Heizen gleichermaßen dienten. Sehr praktisch war ein in den Herd eingelassenes und mit Wasser gefülltes Becken. Da das Feuer niemals ausging, stand der Hausfrau immer heißes Wasser zum Kochen, Waschen und Spülen zur Verfügung. Diese Herdwasserschiffe produzierten die großen regionalen Hersteller wie LÄMMLE und Neff in Bretten, die Eisenwerke in Gaggenau oder Junker & Ruh in Karlsruhe in der Regel nicht selbst, sondern bezogen sie von Zulieferfirmen.

Hier setzte die ebenso einfache wie erfolgreiche Geschäftsidee von Heinrich Blanc an: wesentlich schneller bei der Produktion und Lieferung der Herdwasserschiffe zu sein als die Konkurrenz. Seine Lehrfirma gehörte zu den ersten Kunden, doch die Region wurde ihm bald zu eng. Schon zwei Jahre nach der Firmengründung wurde die erste massive Fabrikhalle

Heinrich Blanc (li.) mit seinen ersten Mitarbeitern, 1925

bezogen und 1928 nahm BLANCO kupferne Wärmflaschen in das Sortiment auf. Kaum betroffen von der Weltwirtschaftskrise 1930/31 stieg die Belegschaft im Jahr 1934 auf über Hundert an.

Mit dem Einstieg der E.G.O. und dem Umzug dieses Unternehmens nach Oberderdingen 1931 setzte Heinrich Blanc gemeinsam mit Karl Fischer früh auf den Elektroherd und die Elektrifizierung der Küche. Eine weitere strategische Entscheidung traf er 1937: Die gesamte Produktion der BLANCO – wie das Unternehmen sich in den Broschüren nennt – wurde auf Reinaluminium umgestellt. Aus diesem Material produzierte man jetzt auch Wasserkessel und Schöpfbecher, um unabhängiger von dem Markt für Herdwasserschiffe zu werden. Die stetige Expansion zeigte

sich auch im Bau eines separaten Bürogebäudes im gleichen Jahr.

Mit dem Einmarsch der Deutschen Wehrmacht in Polen begann 1939 der Zweite Weltkrieg. Ebenso wie die gesamte deutsche Wirtschaft mussten sich auch die Oberderdinger Unternehmen BLANCO und E.G.O. den Kriegszielen unterordnen und für die Rüstungsindustrie produzieren. Dabei wurden in beiden Firmen auch Fremdarbeiter eingesetzt, die allerdings gut behandelt worden sind, wie die späteren Entnazifizierungsverfahren gegen Heinrich Blanc und Karl Fischer gezeigt haben.

Mitten im Krieg, im Jahr 1942, baut BLANCO eine große Pressenhalle. Kernstück ist eine wasserhydraulische Spindelpresse mit einem maximalen Druck von 1 400 Tonnen. Damit konnten Torpedoköpfe für Kriegszwecke ebenso produziert werden wie Großkessel mit einem Volumen von bis zu 600 Litern für „Gulaschkanonen".

Die wasserhydraulische Spindelpresse, 1942

Eines der ersten Produkte der E.G.O. Oberweiler: Ein Auftischgerät mit vier Kochstellen und automatischer Temperaturregelung („Elthermo"), 1927

3. „Kocht elektrisch“ – Karl Fischer als Pionier der Elektrowärme im Haushalt

Die Anfänge

„Kein Rauch, keine Hitze, kein Ofenruß und Schmutz, kein Kohletragen, kein Holztragen, dabei im Stande zu sein, die Heiz- und Kochkraft mittels eines Rucks an einem der zierlichen Schieber zu regulieren, daß der Braten die richtige Temperatur erhält, die Suppe nicht anbrennt und die Kartoffeln gar werden.“ So euphorisch, wenn auch sprachlich etwas holprig, berichtete eine Chicagoer Zeitung[1] für ihre deutschstämmigen Leser über die Attraktion der Weltausstellung 1893: Der österreichische Ingenieur und Erfinder Friedrich Wilhelm Schindler präsentierte die „erste elektrische Küche der Welt“ mit Kochtöpfen, Bratpfannen, Eierkocher oder Kaffeemaschine und brachte dazu auch gleich eine Köchin mit, um die praktische Tauglichkeit der neuartigen, jeweils mit eigenem Heizsockel versehenen Geräte unter Beweis zu stellen. So ganz neu, wie die Eigenwerbung verheißt, waren elektrische Kochgeräte allerdings nicht mehr. Siemens zeigte bereits bei der ersten elektrischen Weltausstellung 1881 in Paris Heiz- und Kochgefäße, die mit Strom betrieben worden sind.

Die Geburtsstunde der Herdplatte liegt noch weiter zurück. Der Amerikaner George B. Simpson meldete schon 1859 ein Patent für seinen „Electric Heater“ an. Wir dürfen uns darunter aber noch kein auch nur annähernd praxistaugliches Gerät vorstellen. Es handelt sich um „eine offene Kochplatte, bei der nackte Platindrahtwendeln in Nuten einer Specksteinplatte liegen.“[2] Schindler und andere Erfinder arbeiteten dagegen an der Entwicklung einer geschlossenen Kochplatte mit eingebundenem Draht, wobei mit den unterschiedlichsten Materialien experimentiert worden ist. Besonders die geringe Haltbarkeit des Glühdrahtes bereitete Probleme. 1891 meldete Schindler sein erstes Patent an: „Für Koch- und Heizeinrichtungen ein elektrischer Heizkörper, bestehend aus einem in Windungen in einem feuerfesten Isolierkörper angeordneten elektrischen Leiter; das Ganze mit einer passenden Schutzvorrichtung umgeben, derart, dass ein kompletter Heizkörper daraus gebildet wird.“[3]

DER AUFSTIEG VON ELEKTRIZITÄTSWIRTSCHAFT UND ELEKTROTECHNISCHER INDUSTRIE

1884 war in Berlin die erste elektrische „Blockstation“ in Betrieb gegangen; 1913 existierten in Deutschland 4000 Elektrizitätswerke. Der Anschlusswert, also die Gesamtleistung aller betriebenen Motoren, Lampen und sonstigen Geräte vertausendfachte sich zwischen 1890 und 1913 auf 4,49 Mio. kW. Hinzu kam der Aufstieg der elektrotechnischen Industrie: Gegen Ende des 19. Jahrhunderts leitete sie mit anderen innovativen Branchen wie der Chemie eine neue Welle wirtschaftlichen Wachstums, eine „Zweite Industrielle Revolution“, ein. Neben zahlreichen mittelständischen Spezialunternehmen – zu ihnen sollte später auch die „Schwarzwälder Zangenkontakt-Werkstätte“ von Karl Fischer gehören – entwickelten sich international tätige Großunternehmen wie die traditionsreiche, bereits 1847 als Hersteller von Telegraphensystemen gegründete Firma „Siemens & Halske“, die „Allgemeine Elektricitäts-Gesellschaft“ (gegr. 1883 von Emil Rathenau als „Deutsche Edison-Gesellschaft“), die Nürnberger Schuckert-Werke, die „Felten & Guilleaume-Lahmeyerwerke“ in Köln oder die 1891 gegründete schweizerische „Brown Boveri & Cie“.

Am Vorabend des Ersten Weltkriegs gehörte Deutschland zu den führenden Nationen auf dem Gebiet der Elektrotechnik. Der Umsatz betrug 1913 schätzungsweise 1,25 Mrd. Mark, das entsprach knapp einem Drittel der gesamten Weltproduktion der elektrotechnischen Industrie. Mit einem Anteil von 47 Prozent am Welthandel mit elektrotechnischen Produkten war das Deutsche Reich Export-Weltmeister in dieser Branche.

Die Firma Prometheus brachte 1898 eine Heizplatte aus Feinguss mit auswechselbaren Glimmerheizelementen auf den Markt. Zu dieser Zeit gab es bereits elektrische Herde mit komfortabler Ausstattung: „Ein solcher Kochherd besteht z.B. aus 4 runden Kochplatten, 3 Bratöfen, 1 Wärmeofen, 1 Wasserschiff, 1 Behälter für Küchengerätschaften und besitzt eine Einschaltstelle für Sieder. Diese Kochherde nehmen im Verhältnis zur Leistungsfähigkeit wenig Raum ein, gestatten eine vorzügliche Regulierung der Heizwirkung und eine Herstellung der verschiedensten Gerichte in unübertroffener Reinheit.“[4] Doch dieses Kochvergnügen konnte um 1900 nur eine verschwindend kleine Schicht genießen. So lesen wir in dem Buch „Die vornehme Gastlichkeit der Neuzeit" aus dem Jahr 1909: „Die elektrischen Kochvorrichtungen haben gegen früher viele Verbesserungen eingeführt, leider ist ihr Hauptfehler geblieben. Sie arbeiten viel zu teuer. Im allgemeinen hat sich die elektrische Küche bis jetzt nur den Salon erobert. Die elegante Hausfrau … bereitet mit Grazie und Eleganz über einem kleinen Herdchen im Esszimmer vor den Augen ihrer Gäste ein kleines feines Modegericht. Bei dieser eleganten Kocherei ist von dem Element der Flamme nichts mehr zu sehen, der elektrische Strom arbeitet unsichtbar, und nur der glühende Stift, das brodelnde Wasser beweisen uns seine Wirkung."[5]

Die Berliner Elektrizitätswerke (BEWAG) unternahmen 1906 elektrische Kochversuche, sind jedoch „aus technischen und tariflichen Gründen nicht weiter gekommen".[6] Einer massenhaften Nutzung elektrischer Kochgeräte standen nicht nur der hohe Preis und technische Unzulänglichkeiten im Wege. Selbst in der Reichshauptstadt Berlin verfügten 1910 nur 3,5 Prozent der privaten Haushalte über einen Stromanschluss, bis 1925 stieg dieser Anteil auf gerade einmal ein Viertel.[7] In den ländlichen Regionen waren die Menschen zu Beginn des 20. Jahrhunderts noch ganz auf örtliche Initiativen angewiesen. So erzeugte in dem Kraichgaudorf Münzesheim die Fränkle-Mühle erstmals 1909 Strom. Neben dem eigenen Betrieb wurden anfänglich allerdings nur noch zwei Gasthäuser mit elektrischer Energie versorgt. Wer sich in der Folgezeit überhaupt einen Anschluss leisten konnte, nutzte ihn fast ausschließlich für Beleuchtungszwecke.[8]

1911, so lesen wir in einem Fachbuch, bestand nicht nur beim Publikum „bezüglich des elektrischen Kochens noch große Unkenntnis". Auch die Mehrheit der Elektrotechniker selbst sei der Auffassung, dass sich diese Technik aus Kostengründen nicht durchsetzen werde. Dagegen führte der Verfasser nicht nur die positiven Erfahrungen seiner eigenen vollelektrischen Küche ins Feld, sondern stellte umfangreiche Kostenberechnungen an. Danach liege der Stromverbrauch für einen Elektroherd bei nur rund 0,5 Kilowattstunden pro Person und Tag, die Konkurrenzfähigkeit zum Gas sei bei einem Preis von 10 Pfennig pro Kilowattstunde gegeben. Aber auch geringe Mehrkosten könnten angesichts der großen Vorteile wie Sauberkeit, Bequemlichkeit und einfache Handhabung in Kauf genommen werden. Leser, die sich von diesen Argumenten vielleicht noch nicht überzeugen ließen, wurden mit Pressemeldungen zu tödlichen Gasunfällen in den zurückliegenden Jahren konfrontiert![9]

ANWENDUNGEN DES ELEKTRISCHEN STROMS – DIE „ELEKTROWÄRME"

Mit einer Flutwelle ständig neuer Anwendungen und neuer elektrotechnischer Produkte überzogen die Unternehmen der Elektotechnik die Märkte und sorgten für die Verbreitung der Elektrizität im Alltag. „Alles elektrisch!" – so lautete um die Jahrhundertwende die Devise von Elektrizitätswirtschaft und elektrotechnischer Industrie: Das elektrische „Bogenlicht" erhellte den öffentlichen, das „Glühlicht" – zunächst die Edison'sche „Kohlefaden-", nach der Jahrhundertwende zunehmend die sparsamere „Metalldrahtlampe" – den privaten Raum. Neue, bisher nicht für möglich gehaltene Lichteffekte faszinierten die Theaterbesucher ebenso wie die Passanten auf den Boulevards der Großstädte. Während sich die elektrische Traktion bei der Eisenbahn erst im Versuchsstadium befand, setzte sie sich im Nahverkehr rasch gegen die Pferdebahn durch und wurde zum unverwechselbaren Bestandteil einer neuartigen Urbanität. In Fabriken und Werkstätten sorgte die Elektrizität für Antriebskraft und machte neue Produktionsverfahren, vor allem in der entstehenden „Elektrochemie" und in der Grundstoffindustrie, möglich. Hinzu kam die elektrische Nachrichtentechnik mit Telegrafie und Telefon. Ihre Netze durchdrangen die Städte und umspannten die Welt. In der Medizin schließlich erlaubten elektrisch beleuchtete Instrumente dem Arzt, beobachtend in das Körperinnere vorzudringen, während die „Elektrotherapie", also das „Bestrahlen" mit elektrischem Strom, dem durch die hektische Lebensweise der modernen Zivilisation ermatteten Patienten neue Energien und körperlich-seelische Erholung verschaffen sollte.

Auch im Haushalt erleichterten elektrische Geräte die Arbeit. Neben der Beleuchtung, den ersten elektrischen „Staubsaugpumpen", dem Kühlschrank und dem Elektromotor für Waschmaschinen etc. kam dabei der neuartigen „Elektrowärme" die größte Bedeutung zu. Die Kosten sorgten aber dafür, dass die Elektrizität noch lange Zeit Luxusware und Repräsentationsgegenstand blieb: Der übliche Preis für Lichtstrom lag um 1900 bei etwa 60 bis 80 Pfennig je Kilowattstunde, hinzu kamen Zähler- und Installationskosten – zum Vergleich: Ein Facharbeiter verdiente damals kaum mehr als vier Mark am Tag. Bei der Masse der privaten Haushalte beschränkte sich die Verwendung von Strom auf den sparsam gehandhabten Einsatz des elektrischen Lichts. Auch dadurch, dass die Elektrizitätswerke häufig in Zehntel-Kilowattstunden abrechneten, wurde der elektrische Strom nicht billiger.

In einzelnen Regionen sorgten Pioniere der Elektrowärme für eine frühe Verbreitung. So wie Schindler in Vorarlberg warb Direktor Pilz von den Neckarwerken in Esslingen schon um 1910 für das elektrische Kochen. Innerhalb nur eines Jahres konnte „infolge reger Propaganda" die Zahl der Kochapparate bei den schwäbischen Stromkunden von 277 auf fast 1 100 gesteigert werden. Damit sich auch Arbeiter- und Angestelltenfamilien die elektrischen Geräte leisten konnten, setzte sich Pilz bei den Herstellern für einfache Modelle zu günstigen Preisen ein. Direkt beheizte Töpfe waren ab 12 Mark und der Sparherd „Therma" ab 122 Mark zu haben.[10]

Von einer nennenswerten Verbreitung des elektrischen Kochens kann für Deutschland jedoch erst in den 1930er Jahren die Rede sein. Noch 1929 gab es – bei einer Zahl von fast 20 Millionen Haushalten – im ganzen Reich nur etwa 30 000 elektrische Kochgeräte, darunter auch Zweiplattenherde und Einzelkocher. Die Geräte waren immer noch recht teuer und vor allem zu langsam, was die Aufheizzeit betrifft. Für den Gasherd in der Stadt und den Kohleherd auf dem Land bedeutete die neue Technik also noch keine ernsthafte Konkurrenz. Dann allerdings setzte eine Entwicklung ein, die zu einem deutlichen Anstieg der in Deutschland betriebenen Elektroherde auf immerhin 550 000 im Jahr 1938 führte. Die Ursachen waren vielfältig. Zunächst entdeckten die großen Energieversorger wie RWE oder BEWAG die Privathaushalte in den 1920er Jahren als interessante Kunden mit erheblichem Wachstumspotenzial. Das Netz wurde in den Städten ebenso wie in den ländlichen Regionen Badens oder Württembergs ausgebaut und die Tarife sanken, wie wir im folgenden Kapitel sehen werden. Die Werbeabteilung der Vereinigung der Elektrizitätswerke in Deutschland (VDEW) entwickelte 1925 den überaus zugkräftigen Slogan „Elektrizität in jedem Gerät", den sich zwei Jahre später schon 350 Firmen aus der elektrotechnischen Branche zu eigen machten.

„Geworben wurde mit Anzeigen in Zeitschriften und Tageszeitungen, Leuchtschriften und Lichtreklamen, Vorhangreklamen in Kinos und Theatern, an Straßenbahnhaltestellen oder auf den Schutzumschlägen von Büchern aus der Stadtbücherei." „Tobias Ohneschwung" zeigte in einem Kino-Trickfilm die Vorteile der elektrischen Beleuchtung, ein Werbefilm der VDEW trug den Titel „Der elektrische Schwiegersohn".[11] 1924 griff die BEWAG eine alte Idee aus dem Jahr 1906 wieder auf und richtete

VERBREITUNG DER ELEKTRIZITÄT IM ALLTAG: DIE 1920ER JAHRE

Der Bau von Kraftwerken und flächendeckenden Leitungsnetzen mündete während der 1920er Jahre in eine rasante Elektrifizierung von Industrie und Gewerbe, Landwirtschaft und privaten Haushalten. Zugleich drang die Elektrizität nun auch in die entlegensten Regionen vor. Im Jahr 1913 hatte die jährliche Stromerzeugung der öffentlichen Elektrizitätswerke in Deutschland je Einwohner 25,4 kWh betragen; in der zweiten Hälfte der 1920er Jahre überschritt sie die Marke von 200 kWh. Die Stromabgabe des Badenwerks stieg von 105 Millionen kWh im Geschäftsjahr 1924/25 auf 234 Millionen kWh im Jahr 1927/28 (1934/35: 479 Millionen kWh). Der Stromverbrauch war damals – gemessen an heutigen Maßstäben – allerdings noch gering: 1925 betrug er in Württemberg ca. 140 kWh je Einwohner und Jahr und im Bezirk Baden-Rheinpfalz 170 kWh bei einem Reichsdurchschnitt von 137 kWh. Gegenüber der stärker elektrifizierten – und industrialisierten – Region Rheinland-Westfalen (214 kWh je Einwohner und Jahr) lag Südwestdeutschland damit deutlich zurück, aber immer noch weit vor den „weißen Flecken" auf der elektrischen Landkarte wie Pommern (75 kWh), Nordwestdeutschland (73 kWh) oder Ostpreußen (28 kWh).

Welche Perspektiven die Elektrizitätswirtschaft besaß, machten verschiedene Untersuchungen und Prognosen von Sachverständigen deutlich. So hielt Oskar v. Miller 1930 in einem Gutachten für die Reichsregierung eine Steigerung des Stromverbrauchs in Deutschland von ca. 9 Milliarden kWh (1925) auf 34 Milliarden kWh für möglich. Für Baden-Rheinpfalz und Württemberg rechnete er mit einem Anstieg des jährlichen Konsums auf 518 bzw. 562 kWh je Einwohner, wenn es gelang, neue Anwendungsgebiete für die Elektrizität zu erschließen. Vor allem die privaten Haushalte sollten zu Trägern und Nutznießern einer neuen Elektrifizierungswelle werden, denn hier bestand ein großes Nachfragepotential: Vom jährlichen Energiebedarf eines Vier-Personen-Haushalts in Höhe von 2 000 kWh für Beleuchtung, Antriebskraft, Kochen und Warmwasserbereitung, jedoch ohne Raumheizung, wurden damals gerade 100 kWh durch elektrische Energie, der Rest durch Verbrennen von Holz, Kohle, bestenfalls durch Gas, vor allem aber durch „mühsamste Arbeitsleistung der Hausfrau" erbracht. Gelänge es, diese Prozesse durch elektrisches Kochen, elektrische Warmwasserbereitung und elektrische Haushaltsmaschinen zu ersetzen, würde das eine gewaltige Nachfrage entstehen lassen. Dasselbe gelte für die Landwirtschaft. Dazu war es allerdings erforderlich, „die Vorteile des elektrischen Stroms durch geschickt angeordnete Ausstellungen sowie durch ständige Musterhaushaltungen und Mustergüter dem Verständnis der breiten Öffentlichkeit näher zu bringen" und entsprechende verbrauchsfördernde Tarife zu entwickeln.

eine Musterwohnung mit Elektrogeräten zu Demonstrationszwecken ein, auch um Vorbehalte gegen den elektrischen Strom zu beseitigen. 1929 veranstaltete die VDEW eine Sondertagung der Elektrowärme-Wirtschaft in Berlin. „Die Tagung hatte den Zweck, das seit Jahren schwebende Problem zu lösen, die vermehrte Anwendung der Elektrizität zu Wärmezwecken im Haushalt, insbesondere zum Kochen mit Hilfe leistungs- und konkurrenzfähiger, dem Gas mindestens gleichwertiger Elektroherde zu ermöglichen."[12]

Die Elektrizitätswerke setzten um so mehr auf die privaten Kunden, wie die industrielle Stromabnahme – und damit die Auslastung – aufgrund der beginnenden Wirtschaftskrise ab 1930 zurückging.[13] Jetzt wurden auch frühere Bedenken, wonach die massenhafte Verbreitung des Elektroherdes zu ungünstigen Verbrauchsspitzen in den Mittags- und Abendstunden führen würde, zurückgestellt. Die Berliner BEWAG bezog die elektrische Küche in ihr bereits 1926 entwickeltes Rabattsystem „Elektrissima" ein und finanzierte den Kauf von elektrischen Herden oder Warmwasserspeichern. Eine aufwändige Werbekampagne überzog die Hauptstadt: „An vier Verkehrspunkten der Stadt wurden mit besonderer Sorgfalt große Ausstellungsräume geschaffen. Jeder kann sich hier über den Preis aller gangbaren elektrischen Geräte unterrichten ... Im Dezember 1933 konnte schon der millionste Besucher gezählt werden. Dazu kommen noch alle anderen Mittel, um aufzuklären und zu werben: Aufsätze und Anzeigen in Zeitschriften und Zeitungen, der Film wird herangezogen, auf den Rechnungen wird auf elektrische Apparate hingewiesen, Plakate und Preisausschreiben fehlen nicht. Auch planmäßig ausgearbeitete Werbefeldzüge werden von Zeit zu Zeit veranstaltet ... Um das elektrische Kochen einzuführen, werden Vorträge, Kochvorführungen und Hausbesuche unternommen. Man geht daran, die zum elektrischen Kochen übergehenden Hausfrauen planmäßig auszubilden. Es wurden Lehrküchen eingerichtet, in denen regelmäßig Kochkurse stattfinden. Ein besonderer Hausdienst sorgt dafür, daß in der Hauswirtschaft ausgebildete Frauen mit praktischen Kenntnissen die Hausfrau in ihrer Wohnung besuchen, um an Ort und Stelle alle noch vorhandenen Unklarheiten im elektrischen Kochen zu überwinden."[14]

Hinzu kam die Senkung der Stromtarife. Ende 1931 führte die BEWAG einen Sonderpreis für Kochstrom von 10 Pf/kWh ein und reduzierte ihn 1932 auf 8 Pfennig. Ähnliche Tarife hatte das Badenwerk und entwickelte

KOSTENSENKUNG DURCH GROSSKRAFTERZEUGUNG UND VERBUNDWIRTSCHAFT

Die weitere Verbreitung der Elektrizität – und damit auch der Elektrowärme – setzte eine durchgreifende Kostensenkung voraus. Sie war auf der Erzeugungsseite nur durch Skaleneffekte bei den Kraftwerkseinheiten und durch höhere Wirkungsgrade bei der Energieumwandlung, auf der Verbrauchsseite durch stärkere und gleichmäßigere Auslastung der Elektrizitätswerke zu erreichen. Im Jahr 1908, also in den Anfangsjahren der flächendeckenden Elektrizitätswirtschaft, lag die rechnerische Benutzungsdauer der Elektrizitätswerke in Deutschland bei nur 1 200 von 8 760 möglichen Jahresstunden; das entsprach einer Auslastung von weniger als 14 Prozent. Kleinere Elektrizitätswerke, zumal in ländlichen Gebieten, kamen kaum über die 1 000 Stunden-Grenze hinaus. Als neue Wissenschaft von der Betriebsführung der Kraftwerke und Verteilernetze bemühte sich die „Elektrizitätswirtschaftslehre" um betriebswirtschaftliche und technische Optimierung.

Auslastung und Rentabilität zu steigern und damit die Kosten der Stromerzeugung zu senken, so lautete das oberste Gebot, wenn die Elektrizität alle Haushalte und Betriebe erreichen sollte. Zum leitenden Paradigma entwickelte sich dabei das Konzept der „Großkrafterzeugung" in zentralen Großkraftwerken und der „Verbundwirtschaft", wie es der Elektrotechnker und AEG-Direktor Georg Klingenberg (1870–1925) bereits vor dem Ersten Weltkrieg verbindlich formulierte. Durch immer größere Kraftwerkseinheiten als Folge rationaler ökonomischer Kalkulation und des begleitenden technischen Fortschritts auf dem spezielleren Maschinenbausektor, vor allem der Wasser- und der neuartigen Dampfturbinentechnik, durch die Erschließung neuer Primärenergiequellen wie etwa der Braunkohle und durch die Verwendung immer höherer Übertragungsspannungen entwickelte sich die lokale Stromversorgung zur „Überlandversorgung" ganzer Regionen und schließlich zur flächendeckenden und großräumig vernetzten nationalen und internationalen „Verbundwirtschaft" weiter.

1932 eine Art Leasingmodell für Elektroherde: Ein kleiner Herd mit zwei Platten kostete nur 1,80 Reichsmark pro Monat und ging nach drei Jahren in das Eigentum des Kunden über. Das Ergebnis dieser „planmäßig ausgearbeiteten Werbefeldzüge" kann sich sehen lassen: Die Zahl der Elektroherde hat sich in Berlin von 2 400 im Jahr 1932 auf 25 000 Geräte im Jahr 1936 mehr als verzehnfacht. Andere Städte und Ballungsgebiete folgten. Die Elektrifizierung des Haushaltes wurde auch vom Regime des Dritten Reiches massiv gefördert, versprach man sich dadurch doch zum einen eine größere Unabhängigkeit von den Rohstoffen Gas und Öl, zum anderen neue Arbeitsplätze. So warb die „Elektrofront für Südwestdeutschland" ab Ende 1933 für den Kauf und die fachmännische Installation von Elektrogeräten, 1934 übernahm die „Arbeitsgemeinschaft zur Förderung der Elektrowirtschaft (AFE) diese Aufgabe.[15] „Elektro-Angriff" hieß die Kampagne wörtlich. Dem Zeitgeist entsprechend wurde der frühere Slogan „Elektrizität in jedem Gerät" abgewandelt: „Elektrizität dem ganzen Volke" war jetzt in den Schaufenstern der Fachgeschäfte zu lesen.

Eine nicht unbedeutende Rolle bei der Popularisierung der elektrischen Küche spielten die Hausfrauenverbände, die bereits in der Weimarer Republik die berufliche Gleichstellung der Frauen propagierten und deren Entlastung von überflüssiger und unrationeller Hausarbeit forderten. Sie unterhielten Beratungsstellen für die Ausstattung des Haushaltes mit modernen Geräten wie elektrischen Staubsaugern, Kühlschränken und Herden. Kochkurse wurden veranstaltet und Lehrküchen in den Schulen eingerichtet. Der „Reichsverband Deutscher Hausfrauenverbände" vergab nach eingehender Prüfung das „Sonnenzeichen" für besonders geeignete Geräte – eine Art „Stiftung Warentest" der 1920er Jahre! Begleitet wurden diese Aktivitäten durch eine schier unübersehbare Flut von praktischen Ratgebern. So erreichte Erna Meyer, eine der bekanntesten Wortführerinnen der häuslichen Rationalisierung, mit ihrem 1926 erstmals erschienenen Buch „Der neue Haushalt" bis 1932 stolze 41 Auflagen.

Die angebotenen Herdmodelle waren um 1930 schon recht differenziert. So gab es den einfachen Zweiplatten-Tischherd, von dem 1931 immerhin 21 000 in Gebrauch waren, ebenso wie den mit einem Backofen kombinierten Drei- oder Vierplattenherd. Ihn nutzen 1931 schon über 36 000 deutsche Hausfrauen. Mit den Schaltern konnte die Energiezufuhr in drei oder vier Stufen reguliert werden. Die einzelnen Heizplatten besaßen in der

Regel eine Steckverbindung, so dass sie bei den noch häufig auftretenden Beschädigungen leicht ausgewechselt werden konnten. Hinzu kamen Einzelkocher und sogenannte Haubenkochgeräte, bei denen mehrere Gartöpfe auf einer Kochplatte übereinandergestellt und durch eine Metallhaube gegen Wärmeverlust geschützt wurden. Diese Technik setzte sich jedoch nicht durch.[16]

Der Verband Deutscher Elektrotechniker (VDE) entwickelte verstärkt ab 1925 Vorschriften für elektrische Koch- und Heizgeräte. Vor einer Zulassung mussten umfangreiche Sicherheits- und Überlastungsprüfungen durchgeführt werden. Und wie stand es um die technische Entwicklung bei der Nutzung der Elektrowärme? Ebenfalls in den 1920er Jahren setzten intensive Forschungen und Untersuchungen ein, um den Wirkungsgrad der Heizplatte zu steigern. Schließlich wären alle Werbemaßnahmen verpufft, wenn es nicht gelungen wäre, die Aufheiz- und Kochzeit zu verkürzen, damit Stromkosten zu sparen sowie die Qualität und Strapazierfähigkeit der Gussplatten zu verbessern. Genau dieses Ziel hatte auch Karl Fischer vor Augen. Zunächst 1925 mit der „Schwarzwälder Zangenkontakt Werkstätte" und ab 1927 mit der Elektro Gerätebau Oberweiler (E.G.O.) leistete er in Oberweiler wichtige Grundlagenarbeit, um ab 1931 in Oberderdingen mit bahnbrechenden Entwicklungen den Weg frei zu machen für das Massenprodukt Elektroherd. Doch blicken wir zunächst auf die bescheidenen Anfänge in dem heutigen Badenweiler.

Pionierarbeit in Oberweiler – Die „Schwarzwälder Zangenkontakt Werkstätte"

Auch die „Schwarzwälder Zangenkontakt Werkstätte" Oberweiler leistete Mitte der 1920er Jahre noch echte Pionier- und Überzeugungsarbeit für das elektrische Kochen. So lesen wir in einem Text vom Mai 1927, der offenbar als Entwurf für eine Broschüre oder ein Rundschreiben gedacht war: „Das elektrische Kochen ist bei uns in Deutschland im allgemeinen für die Hausfrau noch Neuland. Erst vereinzelt sind die Fälle, in denen an Stelle von Kohlen, Holz oder Gas die Elektrizität in vollem Umfang getreten ist."[17] Doch ebenso wie sich das elektrische Licht als selbstverständlich durchgesetzt hat, fährt Karl Fischer fort, besteht angesichts der „Umwälzungen der letzten Jahre in wirtschaftlicher und cultureller Beziehung" Anlass zu Optimismus. Denn „überall gilt: Sparsamstes Wirtschaften. Für

Die ersten Mitarbeiter der E.G.O. Oberweiler

alle notwendigen Handlungen nur das Mindestmass menschlicher Arbeitskraft festlegen."

Was lag da näher, als „das Übergewicht der elektrischen Kochmethode gegenüber dem Kochen mit seinen alten Hilfsmitteln" zu propagieren, wie Fischer es unermüdlich tat? Die Vorteile hat er in dem erwähnten Text kurz und präzise zusammengefasst: „Sauberkeit, Ruß- und Gasfreiheit, keinerlei lästige Hitze, keine Anheiz- und Anfeuerungszeit, kein Schleppen von Kohle oder Holz". Die genaue Regulierung der Wärmezufuhr ermögliche es zudem, die Speisen zu dämpfen und dadurch die Nährstoffe und Vitamine zu erhalten. „Die feinere und subtilere Art des Kochens gibt Ihnen ganz allgemein die Möglichkeit die Speisen schmackhafter und bekömmlicher auf den Tisch zu bringen", lautete sein Fazit. Aber er wusste natürlich auch, dass die Verbreitung der elektrischen Kochgeräte noch von ganz anderen Faktoren abhängt: von den Anschaffungskosten für Herde und spezielle Töpfe ebenso wie vom Strompreis und der flächendeckenden Stromversorgung überhaupt.

Der mächtigste Konkurrent in den Städten war das Gas, während auf dem Land traditionell mit Kohle- und Holzherden gekocht wurde. Wenn es in einer Broschüre der Firma Siemens Anfang der 1930er Jahre heißt „Die Sehnsucht der Hausfrau ist der Elektroherd“[18], so war dies zumindest sehr optimistisch formuliert. Die geschilderte breit angelegte Werbekampagne der Hersteller und Energieversorger war zu dieser Zeit gerade angelaufen und selbst eine so glühende Verfechterin des elektrischen Stromes im Haushalt wie die uns schon bekannte Erna Meyer musste feststellen: „Die Verwendung des Gases spielt heute ohne Zweifel die Hauptrolle in der Küche, da die elektrische Beheizung zum Kochen im Kleinhaushalt vorläufig noch meist zu teuer ist und daher nur unter besonderen Umständen in Frage kommt.“[19] Vielerorts stehe der erforderliche Kraftstrom für elektrische Kochherde gar nicht zur Verfügung, weshalb Meyer zunächst den Kleingeräten wie Bügeleisen, Staubsaugern, Tauchsiedern, aber auch Einzelkochplatten die größten Verbreitungschancen einräumte.

Mögen die vielfältigen Anwendungsmöglichkeiten des elektrischen Stromes im Haushalt, so schreibt Meyer nach einer Aufzählung der verschiedensten Geräte, „auch der gesamten in Frage kommenden Industrie ein Ansporn sein, alles, was in ihrer Macht steht, zu tun, um den Bedürfnissen des Verbrauchers in allen Richtungen entgegenzukommen und die eben gezeigten Herrlichkeiten auch weiteren Volkskreisen mit knapperem Geldbeutel erschwinglich zu machen. Geschieht das, so wird der Erfolg, der Siegeszug der Elektrizität nicht ausbleiben. Sie ist zweifellos berufen, in der zukünftigen kraft- und zeitsparenden Hausführung die erste Rolle zu spielen.“

Die Vermutung liegt nahe, dass auch Karl Fischer die Bücher der populären Haushaltsberaterin oder ähnliche Werke gekannt hat, handelte es sich doch um wichtige Mitstreiter mit großer öffentlicher Wirkung. Jedenfalls könnte der zitierte Appell auch von ihm stammen: die Bedürfnisse der Verbraucher zu erkennen und die technischen „Herrlichkeiten“ auch den Familien mit schmalem Geldbeutel nutzbar zu machen. Seine vielen Erfindungen und technischen Verbesserungen kreisten stets um die Frage, wie das elektrische Kochen effizienter, einfacher und – bei höchstem Qualitätsanspruch – für die Verbraucher erschwinglich werden konnte. Ihm kam dabei entgegen, dass auch die Elektrizitätswerke im südbadischen Raum den Strompreis deutlich auf 10 Pf/kWh gesenkt haben.

Die ersten Produkte

Karl Fischer fertigte in Oberweiler zunächst komplette Elektrogeräte. Damit sammelte er wichtige Erfahrungen nicht nur in der Herstellung einzelner Komponenten, sondern auch in der Konstruktion von Kochgeräten.

Der erste aus den Firmenunterlagen bekannte Elektroherd der „Schwarzwälder Zangenkontakt Werkstätte" in Oberweiler trug den südländisch klingenden Namen „ELTHERMO". Er verfügte über vier Platten, zwei davon mit automatischer Temperaturregelung. Diese Technik bedeutete 1927 für die Hausfrauen ebenso wie für die Händler noch weitgehend Neuland, weshalb Karl Fischer in dem uns bereits bekannten Briefentwurf besonders deutlich auf die Vorteile des automatischen Kochens einging: „Bedenken Sie: Sie kochen die Milch unter dem selbständigen Schalter und können in dieser Zeit den Frühstückstisch richten, den Kindern nachgehen etc. ... ohne dass die Milch überkocht. Sie kochen Suppe, Gemüse, Kartoffeln und Fleisch auf den beiden mit thermischen Schaltern versehenen Kochlöchern ohne weitere Zugriffe ausser denen

Frühe Firmenbroschüre, 1927/28

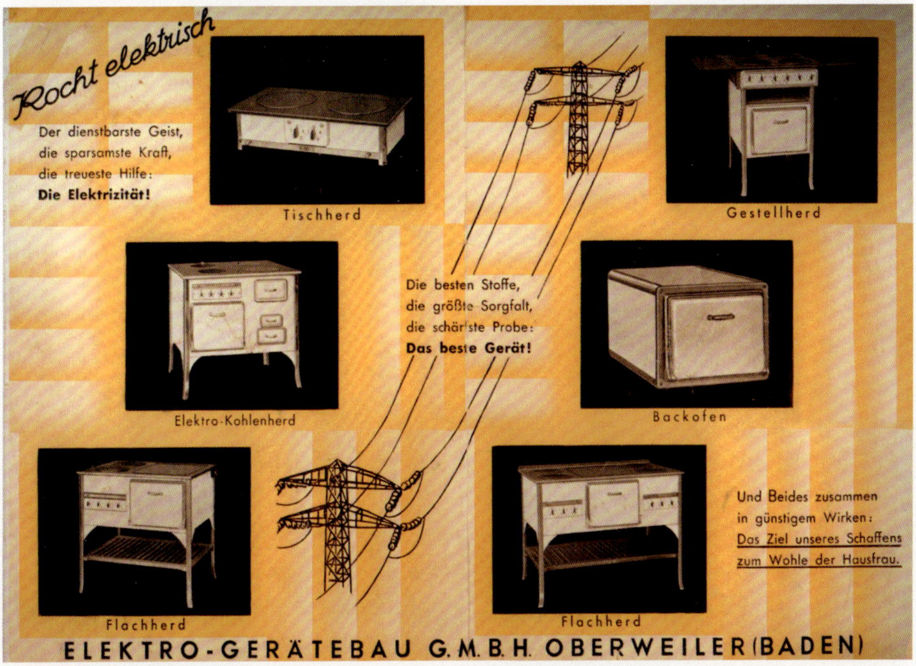

des Aufsetzens der Speisen und des Einschaltens des Stromes. Sie haben nach dem Aufsetzen der Speisen nichts mehr mit dem Kochen zu tun." Selbst „ein Kind" könne mit dem Einschalten des Stromes beauftragt werden!

„ELTHERMO" kann damit als eine Art Vorläufer des automatischen Kochens mit dem „EGOMAT" bezeichnet werden. Die Technik entsprach dem Zeitgeist einer zunehmenden Rationalisierung und Vereinfachung des Wirtschaftens und Haushaltens, konnte sich gegen den Herd mit fester Stufenregelung letztlich aber nicht durchsetzen. Die automatische Regulierung erfolgte über einen speziellen Topfdeckel aus Aluminiumblech, in den ein Wärmefühler eingesetzt werden musste. Bei steigender Temperatur im Kochtopf wird die Stromzufuhr durch den Schalter unterbrochen, ein Überkochen der Speisen also verhindert. Wichtig war dabei, dass die einzelnen Teile zusammenpassen und gut schließen, weshalb Fischer auch kurz und knapp schreibt: „Kochtopf auf Heizplatte, Deckel auf Topf, Schalter auf Deckel gut aufsetzen." Eine Platte mit fester Regelung verfügte über eine größere Leistung von 1 200 Watt und eignete sich somit zum Anbraten.

Um Strom zu sparen, der damals noch recht teuer war, hielt der Brief nützliche Tipps bereit: das Zusammenkochen mehrerer durch ein Drahtgitter getrennter Speisen in einem Topf, die Nutzung einer angewärmten Platte für mehrere Kochvorgänge hintereinander und sogar die Verwendung einer Art Kaffeewärmer als Isolierung über dem Kochtopf! Backöfen in Kombination mit elektrischen Herden waren damals noch wenig gebräuchlich. Vielmehr verwendete man ein Backhaube, die auf die Heizplatte aufgesetzt werden konnte, gerade so wie beim Gasherd bereits üblich.

Ob „ELTHERMO" unter diesem Namen überhaupt auf den Markt kam, ist eher fraglich. Denn wohl noch im gleichen Jahr 1927 hat Karl Fischer gemeinsam mit dem Kaufmann Adolf Engler aus Badenweiler die Firma „Elektro-Gerätebau Oberweiler" gegründet bzw. die kaum als Marke geeignete „Schwarzwälder Zangenkontakt Werkstätte" umbenannt. Als Firmenname wurde jetzt „ELGO" auf den Briefen geführt und so hieß auch der teilautomatische Tischherd, den wir beschrieben haben. Zu diesem ersten Produkt der neuen Firma gab es eine kleine Broschüre mit Abbildungen und eingängigen Texten, die auch vor der Konkurrenz nicht halt machten: „Die stete Betriebsbereitschaft, Sauberkeit, Bequemlichkeit

Broschüre der E.G.O., Ende der 1920er Jahre

des elektrischen Herdes ergeben eine Arbeitsersparnis in der Küche, die das elektrische Kochen selbst in wirtschaftlicher Beziehung dem Kochen auf Kohlen und Gas überlegen sein läßt."[20] ELGO sei zudem kein „Aushilfsgerät", sondern kann die älteren Herdformen „für alle den über Tag vorkommenden Fälle" voll ersetzen. Das handliche Gerät hatte eine Höhe von 40 und eine Breite von 55 Zentimetern. Der Preis für den Endverbraucher lag bei 110 Reichsmark einschließlich Spezialdeckel, Temperaturschalter und sonstigem Zubehör. Die Händler wurden in dem Begleitschreiben um Verständnis gebeten, dass mit Rücksicht auf die etablierte Konkurrenz lediglich ein Rabatt von 20 Prozent gewährt werden könne: „Wir möchten Ihnen gerne den sonst üblichen Rabatt von $33\frac{1}{3}$ Prozent einräumen, befürchten jedoch, dass dann der elektrische Herd, besonders im Verhältnis zu gewöhnlichen Kochherden, zu teuer würde und dessen Einführung von vornherein unmöglich wäre." Diese Befürchtung sollte sich bewahrheiten.

Zwei Jahre später, am 19. Juli 1929, wurde die Firma mit Eintrag im Handelsregister von Müllheim/Baden in eine GmbH umgewandelt. Dabei musste aufgrund von zwei Einsprüchen der ursprüngliche Firmenname „ELGO" geändert werden. So hat man die Abkürzung E.G.O. als endgültigen Markennamen gefunden. Eine Broschüre aus diesem Jahr enthält den automatischen Herd allerdings nicht mehr, so dass die Markteinführung vermutlich aufgrund des hohen Preises als gescheitert anzusehen ist. Vielleicht waren aber auch schon die Händler nicht bereit, das Gerät aufgrund der geringen Gewinnspanne in ihr Sortiment aufzunehmen.

Die Firmenstrategie von E.G.O. ist jetzt eine andere: Günstige Kleingeräte sollten den Einstieg in das elektrische Kochen erleichtern. Angeboten wird ein Tischherd mit nur einer Heizplatte und einer Leistung von bis zu 1 200 Watt bei dreifach regulierbarer Stromzufuhr. Hervorgehoben wird das geringe Gewicht von nur 4 bis 4,5 kg und die gute Isolierung nach unten, so dass dieser Kocher überall problemlos aufgestellt werden kann. Der technisch ähnlich ausgestattete Tischherd mit zwei Kochplatten wird schon als „Wirtschaftsherd für kleinere Familien" propagiert, „wo er als alleiniger Herd oder in Verbindung mit einem Backofen allen Anforderungen gerecht werden muß". In Gaststätten und Hotels eignet er sich als leistungsstarkes Zusatzgerät, das „auf stärkste Dauerbeanspruchungen" ausgelegt ist. In jener Zeit erfolgte auch die Teilumstellung der Koch- und Backgeräte in der Hotellerie von Badenweiler durch Karl Fischer.

Um nicht allein von dem damals noch schwierigen Markt des Elektroherdes abhängig zu sein, entwickelte E.G.O. 1929 eine ganz neue Produktlinie: die elektrischen Heißwasserspeicher. Gleich 13 verschiedene Modelle, vom kleinen Wandspeicher mit 35 Litern bis hin zum großen Standspeicher mit einem Volumen von 1 000 Litern Wasser, werden in der Broschüre angeboten. Die Temperaturregelung erfolgte durch einen Thermostat und die größeren Modelle enthielten außerdem noch einen Thermometer. Die Speicher, so lesen wir, können mit dem günstigen Nachtstrom aufgeheizt werden und stehen dann tagsüber für die vielfältigsten Verrichtungen in Küche und Bad zur Verfügung. Die größeren Modelle werden für Hotels oder Krankenhäuser empfohlen. Die Preise sind allerdings vergleichsweise hoch. Selbst der kleine 35-Liter-Boiler kostet 158 Reichsmark, der größte Heißwasserspeicher mit 1 000 Litern fast das Zehnfache. Dennoch verdoppelten sich die Absatzzahlen dieser Geräte in ganz Deutschland von 20 000 im Jahr 1929 auf 42 000 nur zwei Jahre später. Diesen Trend wollte Karl Fischer natürlich auch für die E.G.O. nutzen.

Der Firmenname E.G.O. kann bleiben – Umzug nach Oberderdingen

Da Karl Fischer die finanziellen Mittel für die weitere Ausweitung seiner Produktion fehlten, nahm er das Beteiligungsangebot von Heinrich Blanc 1931 gerne an: die Konzentration auf Komponenten des Elektroherdes wie Heizplatten, -spiralen oder Regelungselemente und der weitgehende Verzicht auf die Herstellung von Endprodukten. Die Firma wurde also zum Zulieferer für die Herdindustrie und das hatte zwei pragmatische Gründe. Zum Einen wollte und konnte Blanc den Kunden der BLANCO, denen er Herdschiffe lieferte, nicht mit einem zweiten Unternehmen, an dem er beteiligt war, Konkurrenz machen. Mehr noch: Seine hervorragenden Kontakte zu den regionalen Marktführern ebenso wie zu den ganz Großen der Branche konnte er

Karl Fischer (li.) und Heinrich Blanc (2.v.re.) begrüßen Anfang der 1930er Jahre Besucher.

unter diesen Voraussetzungen uneingeschränkt auch für die E.G.O. nutzen und seinem Partner Karl Fischer sicherlich so manche Tür öffnen.

Zum Anderen handelte es sich um elektrotechnische Produkte, deren Einbau und Nutzung eine gewisse Erfahrung voraussetzte. Bei den potenziellen Kunden handelte es sich Anfang der 1930er Jahre um Herdfirmen, die bis zu dieser Zeit nur Kohle- und Gasgeräte gefertigt haben. Fischer konnte diesen Kunden nicht nur Komponenten anbieten, sondern auch das Wissen um deren Nutzung bis hin zur Konstruktion der Endgeräte.

Von Anfang an ergänzten sich die beiden Gesellschafter ideal: Heinrich Blanc, der gesellige Kaufmann, der die regionalen Größen aus Politik und Wirtschaft nicht nur aus den Besprechungszimmern, sondern auch aus gemeinsamen Gasthausbesuchen und Jagdvergnügungen kannte, wirkte bei der E.G.O eher im Hintergund. Karl Fischer, dem es stets um die technische Verbesserung seiner Produkte ging und der meist alleine oder im engsten Mitarbeiterkreis an der Lösung immer neuer Fragestellungen und Probleme arbeitete, vernachlässigte dabei aber nicht die anderen wichtigen Aufgaben des Unternehmens, vor allem die persönlichen Kundenkontakte. Seine Tochter Dorothee Fischer kann sich nicht erinnern, dass sich Heinrich Blanc jemals in die betrieblichen Abläufe der E.G.O. eingemischt hätte, was nicht heißt, dass er sich mit ihrem Vater nicht stets in grundsätzlichen Fragen abstimmte. Die beiden Männer kannten ihre gegenseitigen Stärken und respektierten sich auch in ihrer unterschiedlichen Persönlichkeit – ein Glücksfall für die E.G.O.

Als glückliches Zeichen darf auch die rein zufällige Übereinstimmung der Anfangsbuchstaben von Oberweiler und Oberderdingen angesehen werden. Mit dem Umzug des Unternehmens ins Schwäbische konnte also das bereits eingeführte Logo „E.G.O." erhalten bleiben. Der Firmenname wurde natürlich geändert: „Elektro-Gerätebau Blanc & Fischer, Oberderdingen/Württemberg" hieß es jetzt auf dem Briefkopf und in den Broschüren.

„Von der Heizplatte zum Heizring" – Bahnbrechende Entwicklungen in den 1930er Jahren

Neben der „Macht der Gewohnheit", mit Gas oder Kohle zu kochen, den relativ hohen Anschaffungs- und Stromkosten und dem lückenhaften Netz gab es in den ersten Jahrzehnten des 20. Jahrhunderts ein weiteres Hindernis zur Ausbreitung von Elektroherden: die relativ lange Anheizzeit der Kochplatten. Mitte der 1930er Jahre muss es hier schon erhebliche Fortschritte gegeben haben, denn in der erwähnten Siemens-Broschüre heißt es ganz stolz, dass „2 Liter Wasser auf einer 18-cm-Hochleistungsplatte bereits in 10 Minuten zum Sieden gebracht“ werden können! Da jede Hausfrau wusste, dass es mit dem Gasherd immer noch schneller ging, wurden weitere Argumente für die neue Technologie ins Feld geführt: es gebe keine „offene Flamme“ und die Hausfrau müsse nicht ständig befürchten, dass die Speisen anbrennen. Doch damit sind wir wieder beim Ausgangsproblem, der langsamen Erhitzung der massiven Elektro-Gusskochplatten.

Mit der Entwicklung der leichten Vollplatte aus Spezialguss und des E.G.O.-Heizringes gelangen Karl Fischer schon 1936 zwei ganz wichtige Schritte – sowohl was die Effizienz des elektrischen Kochens betrifft als auch im Hinblick auf die Marktstellung des Unternehmens selbst. Doch dazu müssen wir uns mit einigen technischen Details beschäftigen. Wieder hilft uns eine Broschüre von Karl Fischer, in der ihm eigenen klaren Sprache verfasst, das Prinzip und die Vorteile dieser Erfindung zu verstehen.

Bei seinen Überlegungen geht er von den Erfahrungen und Bedürfnissen der Hausfrau aus. Sie definiert den Wirkungsgrad einer Kochplatte nicht physikalisch, sondern ganz praktisch: Wie schnell kann ich kochen und wie viel kostet es? Kostenfaktoren sind neben dem Herd selbst und dem Strom natürlich auch die Geschirre, also die Töpfe und Pfannen, die hierzu benötigt werden. Um einen – elektrotechnisch – optimalen Wirkungsgrad zu erreichen, ist ein direkter und vollflächiger Kontakt zwischen Heizplatte und dem Boden des Geschirrs notwendig, damit die Wärme ohne größere Verluste übertragen werden kann. Eine Wölbung des Bodens verringert den Wirkungsgrad dieser „Wärmeleitplatte“ erheblich, weshalb die Hausfrau gezwungen ist, teure Spezialgeschirre mit stabilem Boden zu kaufen. Deren Hersteller entwickelten geradezu eine „Propaganda“ für teure Geschirre, wie Karl Fischer schreibt. Eine aus seiner Sicht ärgerliche und kurzsichtige Strategie, die eine „schwere Belastung“ für den Elektroherd bedeutete.

Aber kann man nicht auch der Hausfrau mit „einfachem“ und billigerem Geschirr das elektrische Kochen ermöglichen? Von dieser Ausgangsfrage fand Karl Fischer den Weg zum Heizring. Hier hat die Platte keinen

Von der Heizplatte zum Heizring

massiven Kern, lediglich der äußere Ring wird erhitzt. Aufgrund der geringeren Gussmasse geht das Aufheizen schneller, der Heizring ist deutlich früher auf Arbeitstemperatur als die Vollplatte. Verwendet die Hausfrau jetzt einen leicht gewölbten Topf, entstehen natürlich auch Wärmeverluste. Sie halten sich jedoch durch das frühe Abstrahlen der Hitze in Grenzen, wie Fischer in unzähligen Versuchsreihen mit unterschiedlichen Plattengrößen und Geschirrwölbungen nachgewiesen hat. Es ist ihm also gelungen, „den Elektroherd von dem Vorwurf zu befreien, daß er nur mit teurem Spezialgeschirr befriedigende Wirkungsgrade ergibt."[21] Auch hier wieder der ganz praktische, verbraucherorientierte Ansatz.

Im Vergleich zur schweren Vollplatte mit 2,7 Kilogramm Gewicht bedeutet der Heizring mit nur 1,1 Kilogramm „eine bis an die Grenze getriebene Sparsamkeit im Material". In die Tests einbezogen wurde noch eine leichte Vollplatte mit etwa 1,5 Kilogramm Gewicht. Gerne hätte Karl Fischer auch die von der Konkurrenz auf den Markt gebrachte „Stahl-

Blick in die Gießerei, 1950er Jahre

vollplatte" mit seinem Heizring verglichen, aber dies sei „auf Grund der Werbegesetze" leider verboten!

Zu welchen Ergebnissen kam Fischer nun im Einzelnen? Zunächst einmal erreicht der Heizring eine um 10 Prozent höhere Endtemperatur und weist geringere Wärmespannungen auf als die Vollplatte, wodurch sich die Gefahr von Materialschäden, sogenannten Verwerfungen, verringert. Die „Anheizkurven" zeigen, dass der Ring schon nach 6 Minuten eine Temperatur von rund 400 Grad Celsius erreicht, die Vollplatte benötigt hierzu die doppelte Zeit. Noch plastischer sind die Fotos. Die Broschüre stellt die verschiedenen Aufheizphasen der beiden Plattenarten gegenüber. Während der Heizring nach wenigen Minuten schon voll glüht, ist bei der Vollplatte erst ein schwaches Leuchten zu erkennen.

Aus Platzgründen kann hier leider nicht dargestellt werden, mit welcher Akribie Karl Fischer die zahlreichen Versuchsreihen durchgeführt und dokumentiert hat. Unterschiedliche Topfdurchmesser und Leistungsstufen werden ebenso verglichen wie die verschiedensten Qualitäten der Töpfe, das Verhalten beim Kochen von Wasser oder beim Erhitzen von Fett in jeweils unterschiedlichen Mengen. Nehmen wir nur ein Beispiel: Um 200 Gramm Fett auf 250 Grad zu erhitzen, benötigt der Heizring unter Verwendung einer Spezialpfanne 9:40 Minuten und bei einer „gewöhnlichen Pfanne" 10:12 Minuten. Die Vollplatte erreicht die gewünschte Temperatur selbst mit Spezialpfanne erst nach 12:37 Minuten, mit der einfachen Pfanne dauert der Vorgang nochmals zwei Minuten länger. Entsprechend ist auch der Stromverbrauch um mehr als ein Drittel höher als beim Heizring.

Fischer wollte, wie er an anderer Stelle schreibt, durch jederzeit überprüfbare Fakten überzeugen, nicht durch Werbesprüche. Dass er es dennoch verstand, die einmal erwiesenen Vorteile seines Heizringes in griffige Worte zu fassen, zeigt sein Fazit: „Wer mit Ringplatten kocht, kocht rasch und billig." Jetzt war es also auch möglich, mit „handelsüblichem Geschirr" elektrisch zu kochen, und die Händler hatten ein zusätzliches Verkaufsargument zugunsten des Elektroherdes. E.G.O. informierte die Kunden umfassend über die Eigenschaften der neuen Platte, warnte aber auch vor Übertreibungen: „Es läßt sich vom Standpunkt des Verkäufers von Elektroherden gewiß verstehen, wenn er heute bei der Werbung sagt, daß man nun mit jedem Geschirr auf dem Elektroherd kochen kann. Er hat lange unter dem Zwang Spezialgeschirr mit verkaufen zu müssen gestanden." Dies gehe aber doch „zu weit", wie es in der ersten Ausgabe der Kundenzeitschrift „Erfahrungen und Entwicklungen" vom August 1936 heißt. Wieder folgen ausführliche Erläuterungen der physikalischen Grundlagen der Wärmeleitung. Schließlich sollten auch die Hausfrauen objektiv über das elektrische Kochen informiert werden. Für einen Herd, der mit den neuen Heizringen ausgestattet ist, seien die qualitativ hochwertigen, aber noch erschwinglichen Stahltöpfe der Marken „Pürit", „Silit" oder „Enemalit" empfehlenswert.[22]

Hochfrequenz-Schmelzofen für optimale Gussqualität

„Schnell und günstig" musste das elektrische Kochen für die Hausfrau sein, wollte man die massenhafte Verbreitung des Elektroherdes erreichen. Die Entwicklung des Heizringes war ein wichtiger Schritt auf diesem Weg, aber doch nur Teil eines übergeordneten Prinzips: die Reduzierung der Gussmasse der Herdplatte auf ein Minimum, um sie so schnell wie möglich auf „Betriebstemperatur" zu bringen. Dieses Ziel klingt logisch und einfach, fand aber doch in der Qualität des verwendeten Gusses seine natürliche Grenze. Die Herdplatte ist durch die inhomogene Erhitzung und die hohen Temperaturen starken Belastungen und Materialspannungen ausgesetzt, die aber auch im Dauerbetrieb nicht zu Rissen oder Verwerfungen führen dürfen. Das bedingt einen relativ hohen Aufwand und letztlich viel Masse. Karl Fischer erklärte das in der Fach-Exportzeitschrift „Helios" 1938 so:

„Verwendet man für die Herstellung von Heizplatten den üblichen Grauguß, so muß man zur Erzielung ausreichender Festigkeit gegen die auftretenden Wärmespannungen starke Wandungen anwenden; die dicken Gußwandungen wirken aber als Wärmespeicher und Durchgangswiderstände, bedingen also lange Anheizzeiten. Zu einem ‚Leichtbau' der Platten kann man nur übergehen, wenn man einen Guß sehr viel besserer Festigkeitseigenschaften verwendet."[23]

Die Entwicklung einer solchen dünnwandigen Herdplatte mit hoher Rissfestigkeit „brachte aber bei der praktischen Durchführung ganz außerordentliche Schwierigkeiten mit sich". Plattenguss ist eine Mischung aus Eisen, Graphit und Karbiden. Je feiner die eingelagerten Graphitkörner verteilt sind, um so besser können sie eine Gitterstruktur bilden und die Eisenkristalle fixieren. Mit kaum vorstellbarem Aufwand hat Karl

Fischer immer wieder neue Mischungen ausprobiert und die fertigen Güsse extremen Härtetests unterzogen. Wie Dorothee Fischer schreibt, erinnerte sich ihr Vater immer wieder an die Arbeit in der heimischen Mühle in Oberweiler. Damals mussten ebenfalls verschiedene Materialien gemischt und neue Zusammensetzungen ausprobiert werden. Dieser Aufgabe unterzog er sich auch jetzt mit größter Sorgfalt und Akribie.

„Nur der erfahrene Gießereitechniker kann die systematische Entwicklungsarbeit abschätzen, kennt die langen Versuchsreihen, die erforderlich sind, um einen Grauguß mit dem geschilderten Gefügeaufbau herzustellen, denn es kommt hinzu, daß die Platte ihrer Gestalt wegen ein sehr schwer zu gießendes Stück darstellt." Die Zusammenarbeit mit einer externen Gießerei hätte hier nur zu enormen Abstimmungsproblemen und Zeitverlusten geführt, deshalb entschied sich Karl Fischer 1936 „zum Aufbau einer eigenen Gießereianlage, verbunden mit einem gut eingerichteten Laboratorium". Nur durch die Kontrolle des gesamten Produktionsprozesses konnten die eigenen hohen Qualitätsanforderungen erfüllt werden.[24]

Diese zukunftsweisende Entscheidung war mit einer bedeutenden technischen Innovation verbunden. Als eines der ersten Unternehmen in Deutschland überhaupt erwarb E.G.O. einen elektrisch betriebenen Hochfrequenz-Schmelzofen. „Bestimmend war die Überlegung, daß der brennstofflose Betrieb es ermöglichte, einen Guß in einwandfreier Reinheit und in genau vorgeschriebener Gattierung einzuhalten. Daß der Elektroofen weder starken Abbrand noch Zubrand kennt, daß die Temperaturen in engsten Grenzen eingehalten und wertvolle Legierungselemente in einfachster Form beigemischt werden können, sind weitere, den Erfolg stark bestimmende Vorteile des elektrischen Schmelzbetriebes", heißt es 1937 in der Hauszeitschrift „Erfahrungen und Entwicklungen".[25] Wie sollte es auch anders sein: Karl Fischer warb leidenschaftlich für die Verwendung des elektrischen Stroms im privaten Haushalt und nutzte die Vorteile dieser Energieform natürlich auch für seinen eigenen Betrieb. Er scheute dabei auch vor hohen Investitionen nicht zurück.

Das Ergebnis waren Herdplatten einer neuen Generation. Zeigte der alte Plattenguss, „den wir beziehen mußten", schon nach 1–5 Hammerschlägen einer Prüfvorrichtung Risse, so waren für diese Beschädigung jetzt rund 30 Schläge erforderlich. Das vollständige Zertrümmern der neuen Platten gelang erst nach 1 000 Schlägen und mehr. „Zieht man in

Betracht, daß die Wandstärken auf die Hälfte der früheren Platten abgeschwächt wurden, so ergibt sich ein überzeugendes Bild, wie sehr wir den Gefügeaufbau und die Festigkeitseigenschaften des Gusses verbesserten." Die Hausmitteilungen dokumentieren noch weit aufwändigere Versuchsreihen, die „viele Monate hindurch" vorgenommen wurden, um zu zeigen, „daß wir die Fertigung der EGO-Heizplatte auf wissenschaftlich einwandfreier Grundlage überwachen und einen überaus hochwertigen Werkstoff verarbeiten".

Ebenso wie der von Fischer entwickelte Heizring konnte auch die neue dünne Vollplatte ihre Überlegenheit gegenüber den bisherigen Kochplatten mit handelsüblichem Grauguss beweisen. Als Ergebnis der verschiedensten Tests stellt die Hauszeitschrift mit einem gewissen Stolz fest: „Die leichte Vollplatte erreicht mit gutem handelsüblichem Geschirr (schlechtester Topf 3 mm Durchbiegung) noch Wirkungsgrade, die im Durchschnitt eher besser sind, als diejenigen der schweren Kochplatte bei der Verwendung von Spezialgeschirren."

E.G.O. verfügte also bereits 1936 als Ergebnis hoher Investitionen und intensiver Forschungen Karl Fischers über zwei neue Typen von leichten Herdplatten, die der Konkurrenz deutlich überlegen waren: Bei der Verwendung von Töpfen gleicher Qualität verkürzten die leichte Vollplatte und der Heizring die Kochzeit um rund 20 Prozent, bei preislich günstigerem Geschirr mit leichten Unebenheiten waren sie mindestens gleichwertig. Das Unternehmen war für den Wettbewerb gerüstet und in diesen Wettbewerb stieg E.G.O. mit Werbebroschüren, Kundeninformationen und Fachartikeln auch offensiv ein. Strategisch besonders wichtig war es, die großen Herdproduzenten davon zu überzeugen, die hochwertigen Heizplatten von einer Spezialfirma wie E.G.O. zu beziehen, statt selbst die Produktion aufzunehmen. Außerdem drängten die Schweizer Hersteller auf den deutschen Markt.[26] Fischer war hier Mitte der 1930er Jahre einem gewissen Zeitdruck ausgesetzt und die umfassenden wissenschaftlichen Analysen und Dokumentationen dürften nicht zuletzt für die Entscheidungsträger bei AEG oder Siemens gedacht gewesen sein. Parallel dazu setzte er sich gemeinsam mit RWE und anderen Versorgern erfolgreich für die Normierung der Größe und Leistung der Platten und der Regulierungsschalter ein.

Einen bisher vernachlässigten Markt sah Karl Fischer in den Großküchen. In einem Beitrag für die Zeitschrift „Elektrizitätswirtschaft" der

Vereinigung der Elektrizitätswerke[27] schildert er 1941, wie große Herdflächen beschaffen sein müssen, um den Bedürfnissen der Berufsköche zu entsprechen. Denn wenn bisher „hinsichtlich der Verwendung von Elektroherden teilweise ein gewisser Widerstand der Köche zu überwinden ist", so liege dies vor allem daran, dass Großherde als vergrößerte Haushaltsherde gebaut worden sind, ohne die praktischen Anforderungen genauer zu analysieren. Fischer schildert zunächst sehr detailliert die Arbeitsabläufe und Kochvorgänge in der Großküche, um daraus die Eigenschaften eines idealen Elektroherdes abzuleiten. Seine Lösung ist ein großes rechteckiges Herdfeld, das aus quadratischen Gussplatten von jeweils 30x30 Zentimeter zusammengesetzt ist. In der Mitte ist die Leistung der Heizplatten am größten, denn hier werden die Speisen gekocht. Bei den äußeren Platten genügt eine geringere Leistung zum Warmhalten des Kochgutes.

Bereits 1938 hat E.G.O. Großherde nach diesem Modell gebaut und Konstruktionsvorschläge an die Kunden geliefert. Die geschlossene Herdfläche erleichtert das Hin- und Herschieben der Töpfe gegenüber den gewöhnlichen Herden mit vielen Einzelplatten. Auch das Geschirr wird geschont, da nicht immer darauf geachtet werden muss, ob die Töpfe zum Plattendurchmesser passen. Fischer erwähnt die Lieferung eines Herdes in der stattlichen Größe von 2,40 x 1,20 Metern für eine gerade im Bau befindliche Berliner Großküche. Insgesamt, so fasst er in dem Artikel zusammen, ermöglicht „der Herd mit ausgelegten Heizflächen dem Koch eine fließende naturgegebene Arbeitsweise" und eignet sich in dieser Form als „Universalgerät" für die „Gefolgschaftsküchen", also für die Kantinen großer Betriebe. In Verbindung mit dem Fachartikel hat E.G.O. auch eine Anzeige in der „Energiewirtschaft" geschaltet und den „Spezialguß der EGO-Heizplatten" mit seinen hervorragenden Eigenschaften gerade für Elektro-Großherde angepriesen.

Vermutlich hat der Zweite Weltkrieg eine starke Verbreitung dieser Herdform verhindert. Die Betriebe dürften kaum noch die Mittel für die Anschaffung eines großen elektrischen Küchenherdes gehabt haben. Doch dieses Problem bestand in ähnlicher Weise auch für die Privathaushalte und damit für den Absatz der Herdplatten insgesamt. Dem Krieg und dem vermeintlichen „Endsieg" wurde die gesamte industrielle Produktion untergeordnet und auch E.G.O. und BLANCO mussten auf Kriegswirtschaft umstellen.

Karl Fischer (re.), Heinrich Blanc (2. v.re.) und sein Sohn Heinz (3. v.re.) beim „Tag der offenen Tür" der E.G.O., 1951

4. Nachkriegszeit und Wirtschaftswunder am Beispiel der E.G.O.

Mit dem Ende des Zweiten Weltkrieges hörte der deutsche Staat auf zu existieren. Die Proklamation Nr. 1 der alliierten Streitkräfte machte der Bevölkerung ebenso wie den Unternehmen klar, dass die gesamte gesetzgebende und vollziehende Gewalt auf die Siegermächte übergegangen war, deren Anordnungen strengstens zu befolgen waren. Oberderdingen gehörte für kurze Zeit zur französischen und anschließend zur amerikanischen Besatzungszone. Durch diesen Wechsel konnten mehrere bereits demontierte Maschinen vor dem Abtransport nach Frankreich bewahrt und wieder für die Produktion genutzt werden. Die allgemeine Not der Menschen und die Sorge um die bloße Existenz mischten sich in den ersten Nachkriegswochen mit großer Angst und Ungewissheit über die Zukunft.

Die beiden Firmen BLANCO und E.G.O. wurden enteignet und unter alliierte Kontrolle gestellt. Blanc und Fischer war es zunächst untersagt, das Firmengelände zu betreten. Im Gegensatz zu Heinrich Blanc, der sich aufgrund von Denunziationen einem langwierigen Entnazifizierungsverfahren mit zeitweiliger Inhaftierung unterziehen musste, konnte Karl Fischer bald wieder für seinen Betrieb tätig werden.

Alle Anstrengungen der E.G.O. mussten darauf gerichtet sein, die materiellen und personellen Voraussetzungen für die Wiederaufnahme der Produktion zu schaffen und eine Arbeitserlaubnis der Besatzungsmacht zu erhalten. Doch die Zuständigkeiten waren zunächst völlig unklar. Nichts war deshalb in dieser Zeit wichtiger als gute Kontakte und verlässliche Informationen. Karl Fischer besuchte Behördenvertreter, frühere Kunden und Elektrizitätswerke. Außerdem musste der konkrete Bedarf an Herdplatten ermittelt werden, dessen Nachweis auch für die behördliche Genehmigung unerlässlich war.

Doch bei einem Besuch Ende Juli 1945 zeigte sich der Direktor der EVS zunächst wenig begeistert von der massenhaften Produktion von Heizplatten und Elektroherden, da einerseits die Stromkapazität noch sehr begrenzt und andererseits der Verbrauch seit Kriegsende schon deutlich gestiegen war. Karl Fischer schlägt deshalb vor, die Anschlusswerte zu drosseln und den Zweiloch-Sparherd mit E.G.O.-Platten zu produzieren. Direktor Pütz sichert daraufhin zu, die Angelegenheit kurzfristig in dem neu gegründeten elektrotechnischen Verein Württemberg zu besprechen. Aber noch aus einem anderen Grund war dieser Termin erfolgreich: Fischer erhält über einen Mittelsmann Kontakt zu dem für Energiefragen zuständigen amerikanischen Offizier Strobel und veranlasst ein Schreiben an die Militäradministration in Stuttgart, in welchem die Wiederaufnahme der Herdplattenproduktion bei E.G.O. befürwortet wird. Ganz nebenbei wird auch noch ein Tauschgeschäft vereinbart, wie es typisch für die Zeit bis zur Währungsreform war: Gegen die Lieferung von vier Elektrokochern erhält das Oberderdinger Unternehmen Vergaser, Zylinderkopf und weitere Ersatzteile für seinen Mercedes. Der Firma Bosch werden wenig später für die gelieferte Batterie mehrere Transportfahrten mit dem LKW versprochen.

Anfang August 1945 lag die Produktionserlaubnis noch nicht vor. Fischer musste deshalb einem Vertreter der neuen württembergischen Wirtschaftsverwaltung eine Absage erteilen, der Kocher und Herdplatten für Stuttgart und ganz Württemberg bestellen wollte. Doch die Wirtschaftsverwaltung verfügte wiederum über Kontakte zu maßgeblichen Stellen der Militärverwaltung und versprach Unterstützung, falls die Genehmigung weiter auf sich warten lassen sollte. Auch die Firma Röder in Darmstadt meldete dringenden Bedarf bei der Lieferung von Herdplatten an.

Über die Ergebnisse all dieser Besprechungen hat Fischer gewissenhaft Protokoll geführt. Darin kommt auch zum Ausdruck, wie schwierig es war, nähere Einzelheiten über die Strukturen und Zuständigkeiten der amerikanischen Behörden zu erfahren. Hierzu nur ein Auszug vom 3. August 1945: „Herr Breitinger teilt mit, dass Captain Benoid der Sachbearbeiter für die Herdlieferung, Sitz Darmstadt, ein Unterorgan einer Wirtschaftsstelle ist, die Oberleutnant Cook in Frankfurt a.M. verwaltet." Über diesen Kontakt sollen detaillierte Aufstellungen über sämtliche Materialien vorgelegt werden, die für die Produktion der kommenden 12 Monate unerlässlich sind. Herr Benoid will die Listen an die Militärregierung weitergeben. Auch der regionale Vertreter der RWE sagt seine Unterstützung zu. Das Unternehmen hat einen Bedarf von 100000 Herdplatten, der vorläufig jedoch über andere Hersteller gedeckt werden muss.

Im Sommer 1945 beginnen sich in Stuttgart die ersten deutschen Behörden zu etablieren, doch auch hier sind die Kompetenzen und Funktionsträger, wie etwa beim Landeswirtschafts- oder Arbeitsamt, zunächst unklar. „Die gesamte Einrichtung dieser Verwaltungsstellen krankt noch daran, dass eine richtige Landesregierung noch nicht besteht", schreibt Fischer nach einem Besuch am 8. und 9. August in der späteren Landeshauptstadt. Ein neuerlicher Dringlichkeitsbericht an die Militäradministration wird vereinbart, um die Freigabe einer bestimmten Quote für den zivilen Sektor zu erreichen. Parallel zu den intensiven Bemühungen um eine behördliche Arbeitsgenehmigung werden Werkzeuge, Farben und sonstige Materialien für die Produktion bestellt.

Wenig später erfährt Fischer in Ludwigsburg, dass künftig das Arbeitsamt Mühlacker für Oberderdingen zuständig ist. An den Arbeitsbedingungen hat sich dagegen nichts geändert: „48 Stunden in der Woche. Bei wenig Arbeit und viel Arbeitskräften darf die Arbeitszeit auf 40 Stunden beschränkt werden ... Überstunden können geleistet werden", steht knapp im Protokoll. Die politische Situation verbesserte sich im Südwesten schon im September 1945. Die Amerikaner bestätigten das Kabinett unter Leitung von Dr. Reinhold Maier in ihrem neu geschaffenen Land Württemberg-Baden.

Wichtige Reisen ins Rheinland – Großaufträge und Kundenbindung

Anfang September 1945, die Produktionserlaubnis lag zwischenzeitlich vor, unternahm Karl Fischer eine umfangreiche Reise ins Rheinland und besuchte in 20 Städten fast 30 Herdfabrikanten, Metallwarenfabriken und Elektrizitätswerke. Diese Reise sollte sich als überaus bedeutend erweisen, sowohl was die Kontaktpflege zu wichtigen Kunden und Lieferanten betrifft, als auch im Hinblick auf die allgemeine Markteinschätzung. Fischer kehrte mit der Gewissheit nach Oberderdingen zurück, dass die Fabrikanten und Energieversorger nunmehr voll auf die Produktion des Elektroherdes setzten und damit – bei allen Widrigkeiten der Nachkriegszeit – so schnell wie möglich beginnen wollten. Er konnte deshalb auch umfangreiche Bestellungen entgegennehmen.

So soll die Firma Haas & Sohn, Neuhoffnungshütte, bis Ende Oktober 670 Heizplatten und bis Ende November 1 000 Schalter erhalten. Die Burger-Eisenwerke planen die Produktion von 1 000 Elektroherden und bestellen dafür 1 500 Steckerstiftplatten bei E.G.O. und Schalter. Der Herdfabrikant braucht außerdem „dringend 650er Backofenstäbe, so rasch als möglich 300 Stück vorab liefern". Das Elektrizitätswerk Siegerland hatte bereits für September 1 000 Platten bestellt und teilt Fischer bei seinem Besuch die genaue Stückzahl für die einzelnen Durchmesser mit. Außerdem werden 2 700 Heizstäbe benötigt. Ein freundlicher Mitarbeiter hat Fischer u.a. mit der Unterkunft „sehr weit unterstützt" und soll dafür eine größere Lieferung an Äpfeln erhalten. Siegerland mit dem zugehörigen Hüttenwerk ebenso wie die Firma Krefft in Gevelsberg sind auch als Lieferanten von Rohstoffen wie Roheisen oder Blech wichtig. Der Direktor von Krefft hat sich „beim Roheisen-Verband eingesetzt, dass wir Roheisen bekommen sollen und zwar ehe ich dort war". Das Werk ist arbeitsfähig und benötigt 2 500 Heizplatten – „falls erhöht werden kann, ja", vermerkt das Protokoll.

„Sehr schwer beschädigt" fand Fischer das Werk von Küppersbusch & Söhne in Gelsenkirchen vor. Dennoch werden schon in der Anlaufphase mindestens 1 000 Platten benötigt, „danach laufend 300 Sätze monatlich" sowie E2-Heizstäbe für Bratöfen und Schalter. Die Homannwerke in Vohwinkel blieben dagegen von Zerstörungen weitgehend verschont und wollen „mit dem größten Umfang mit neuen Typen auf den Markt kommen. Schwerpunkt Elektroherde". Karl Fischer verspricht dem Inhaber die Lieferung von 10 000 Heizplatten bis Jahresende 1945! Hinzu kommen 20 000 Heizstäbe und 25 000 Schalter. Auch Heizpatronen für Warmwasserboiler wurden angefragt. Da hier ein künftiger Großkunde in Aussicht steht, mahnt Fischer seine Mitarbeiter zur Einhaltung der versprochenen Lieferung. Außerdem soll Homann bei der Beschaffung weiterer Materialien für die Herdproduktion geholfen werden – und nicht nur das: „Homann bittet um Unterstützung für Obst und Kartoffeln. Homann persönlich einige Zentner zugesagt, falls Lieferung durch Dorf in grösserem Quantum nicht möglich ist."

Nicht minder erfolgreich war der Besuch bei den Rheinisch-Westfälischen Elektrizitätswerken: Die Bestellung umfasste 9 200 Heizplatten und wieder ließ Fischer keinen Zweifel, dass es sich hierbei um einen strategischen Partner handelt: „RWE muss beliefert werden, süddeutsche Kunden treten zurück." Bei anderen Unternehmen wollte Fischer dagegen nicht seine knappe Zeit vergeuden: „Lohnt nicht mit der Firma zu arbeiten, Firma lahmt", notierte er trocken nach einem Besuch in Lüdenscheid.

Die Reise diente natürlich nicht nur dem Verkauf, sondern auch der Beschaffung von Rohmaterialien und Werkstoffen, wie wir schon gesehen haben. So sicherte Heraeus in Hanau die Lieferung von 300 Kilogramm Draht pro Monat zu. Ab Januar 1946 könnte diese Quote eventuell auf 700 Kilogramm erhöht werden. Andere Firmen wollten Teile für die Schalter liefern, die nach den Bestellungen in großer Stückzahl produziert werden müssen. Für wichtige Partner wie Homann oder Krefft beschafft Fischer ebenfalls Material, so wie bei der Firma Fastenrath in Plettenberg. Den von der Firma Krefft vermittelten Kontakt zum Roheisenverband in Essen nimmt Karl Fischer sofort auf und vereinbart mit dem dortigen Direktor die Lieferung von 400 Tonnen Roheisen. Die Ohler-Walzwerke können voraussichtlich 60 Tonnen Feinbleche liefern, wobei die Qualität noch zu prüfen sei. Ein weiterer Kontakt wurde zum Westdeutschen Feinblechkontor in Siegen geknüpft.

Selbst das knapp und sachlich gefasste Protokoll lässt noch die innere Anspannung, vielleicht auch Ungeduld Karl Fischers während dieser mit vielen Terminen ausgefüllten Reise erkennen. Die Nachfrage ist überall sehr groß, gleichzeitig stellte er eine erhebliche Unsicherheit fest, was die materielle und politische Situation betrifft. Doch gerade darin erkannte Fischer eine große Chance für die E.G.O. Durch rasches Handeln und fristgerechte Lieferung kann sein Unternehmen feste und langfristige Kundenbindungen aufbauen. Das Fazit seiner Reise ist deshalb gleichzeitig ein Appell an die eigene Belegschaft: „Bei unserer Kundschaft sowie bei den Elektrizitätswerken (EW) ist der Bedarf nach Heizplatten über alle Massen gross. Die EW haben in den zerstörten Gebieten Ersatz zu liefern. Bei den Kunden selbst ist der Schwerpunkt der Fertigung von der Kohle-Gas-Seite auf Elektroseite verschoben. Die Unruhe ist allgemein groß, sowohl bei den EW als bei den Kunden, weil sie Angst haben im wichtigsten Teil nicht genügend Material zu bekommen. Die Tendenz bei den Herdfabriken wie bei den EW ist die, sich unabhängig zu machen von der Zuteilung und weiterhin die Gefahren, die in der Zonen-Einteilung liegen (englisch-amerikanische Zonen), zu umgehen. Die Gefahr kann nur überwunden werden durch klare Höchstleistung unsererseits."

Die Zonentrennung blieb weiterhin ein großes Hindernis für Produktion und Vertrieb. So bestand für die amerikanische Zone eine Globalkontingentierung für Eisen- und Stahlwaren. Wollte E.G.O. daraus Material erhalten, war ein umfangreiches Genehmigungsverfahren mit entsprechenden Dringlichkeitsnachweisen erforderlich, wie Fischer der Abteilung Einkauf im November 1945 erläuterte. Die zuständige amerikanische

Verwaltungsstelle saß in Frankfurt a.M. „Dort wird entschieden, ob wir aus dem Globalkontingent, das der amerikanischen Zone zusteht, Material bekommen." Anschließend geht die Bestellung an die englische Administration in Düsseldorf und „von dort aus an das Verwaltungsamt für Stahl und Eisen zur Lenkungsstelle, in diesem Falle für Roheisen". In der englischen Zone wird nach Einschätzung Fischers „zur Zeit eine Planwirtschaft durchgeführt". Es besteht eine Prioritätenliste mit zehn Produktionsbereichen, in welcher der Haus- und Ofenbau an letzter Stelle rangiert! Jede Materialbestellung – von Kleinteilen abgesehen – muss von der Militärverwaltung genehmigt werden. Anschließend erfolgt die Weiterleitung an die „Auftragslenkungsstellen" und schließlich an die produzierenden Werke. „Dort erfolgt Einreichung und Auslieferung nach der Dringlichkeit und Liefermöglichkeit."

Angesichts der vollen Auftragsbücher und der knappen Liefertermine musste ein solch bürokratisches Verfahren dem Einkaufsleiter und sicher auch Karl Fischer selbst schlaflose Nächte bereiten. Hinzu kam die latente Gefahr, dass die Konkurrenz bei der Materialbeschaffung schneller ist. Auch neue, nicht immer seriöse Firmen drängten auf den Markt. Bei einer weiteren Reise ins Rheinland Anfang November 1945 bezahlte Fischer das bestellte Material vorab per Scheck, um bevorzugt beliefert zu werden. Ob die Bestellung – in diesem Fall aus der englischen in die amerikanische Zone – überhaupt behördlich genehmigt werden würde, war zu diesem Zeitpunkt noch gar nicht sicher. Die Gründung des Werkes Silberg im Frühjahr 1946 verfolgte den Zweck, besseren Zugang zu den notwendigen Stahlwerkstoffen des von England besetzten Ruhrgebiets zu erhalten.

Doch die allgemeine Materialknappheit brachte auch Chancen für die E.G.O. Die Siemens AG hatte vor dem Krieg die Platten für ihre Elektroherde selbst hergestellt. Aufgrund der Engpässe bestellte der Konzern nach 1945 Heizplatten in Oberderdingen – aus dieser Übergangslösung heraus entwickelte sich eine wichtige Geschäftsbeziehung, wie sich Heinz Treffinger erinnert. Ähnlich konnte später auch AEG als Kunde gewonnen werden. Treffinger, von 1938 bis zum Kriegseintritt 1940 als Lehrling bei E.G.O., trat nach seiner Rückkehr aus dem Krieg als kaufmännischer Gehilfe wieder in das Unternehmen ein und begleitete Fischer ab 1947 bei vielen Kundenfahrten. Allein den strategischen Partner RWE besuchten die beiden drei- bis viermal pro Jahr. In Essen wurde später auch eine

Vertretung eingerichtet, um den direkten Kundenkontakt zu halten. Doch zurück zur unmittelbaren Nachkriegszeit.

Erhebliche Engpässe gab es auch bei den Heizdrähten. Fischer notierte Anfang 1946, dass Heraeus in Hanau nur einen Bruchteil der zugesagten 500 Kilogramm geliefert hat. Die Vorräte reichten deshalb nur noch 3–4 Tage, weshalb sich der Einkauf dieser „äußerst dringenden Sache" annehmen müsse. Andere Firmen erhielten Herdplatten nur dann, wenn sie im Gegenzug Roheisen, Bleche oder Kleinteile an E.G.O. liefern konnten. In manchen Betrieben waren die begehrten Materialien vorrätig, es fehlte aber an Verpackungsmaterial! Darum musste sich Karl Fischer ebenso kümmern wie um den Transport nach Oberderdingen. Busch-Jäger in Lüdenscheid bat E.G.O. ebenfalls um Unterstützung bei der Materialbeschaffung, um die bestellten Schalter überhaupt produzieren zu können. Mancherorts stand Fischer vor verschlossenen Türen und eine Protokollnotiz trägt schon tragikomische Züge: „Fabrik sehr schön, aber geschlossen, beide Inhaber sind verhaftet."

Auch die Novemberfahrt ins Rheinland brachte neue Aufträge, aber in erster Linie ging es darum, die Gesamtproduktion der Herdplatten sinnvoll auf die Kunden zu verteilen und einige von ihnen auf einen späteren Liefertermin zu vertrösten. Wieder melden die Homannwerke dringenden Bedarf an. Noch im November kommt ein LKW nach Oberderdingen, um 2 100 Platten abzuholen, wenn möglich noch etwas mehr. Die guten Geschäftsbeziehungen werden schon daran sichtbar, dass der Wagen verschiedene Materialien von anderen Firmen aus dem Westen mitbringt. Dafür soll für Homann in Bruchsal Dieselöl besorgt werden. Die Firma Burger-Eisenwerke „überlegt in erster Linie nur Vollherde mit unseren Platten auszurüsten", weshalb Karl Fischer ebenfalls für den November 1 500 Platten zusagt. Wieder wird vereinbart, dass der LKW Kohlen und Bleche mitbringt.

Überhaupt Kohlen: Im Protokoll wird genau verzeichnet, welche Firmen Koks oder Kohlen vorrätig haben und eventuell bereit sind, eine LKW-Ladung nach Oberderdingen in Marsch zu setzen. Die Brennstoffe sind im beginnenden Winter 1945/46 so knapp, dass die Beheizung der Räume untersagt ist. „RWE ist in ihren Büroräumen ohne jede Heizung. Die Leute arbeiten mit Mänteln und Hüten auf. Der Kampf geht um jedes Kilo Koks, um jedes Kilo Kohle und um jede Kilowattstunde. Die Temperatur bei RWE beträgt beispielsweise 7 Grad." Fischer war noch in der relativ komfortablen Situation, den Kunden für die Lieferung der begehrten Kohlen Herdplatten anbieten zu können. Doch selbst wenn ein solches Geschäft zustande kam, bestand die Gefahr, dass der LKW unterwegs von den englischen Besatzungstruppen gestoppt werden würde, weil keine „Ausfuhrgenehmigung" vorlag.

Mit noch viel größerer Sorge als die Lieferprobleme beobachtete Fischer eine andere Entwicklung. So überlegt die Firma Krefft offenbar, die Platten für ihre Herde selbst zu produzieren. Auch die Firma Burger Eisenwerke produziert für eine Serie bereits eigene Heizplatten. Die RWE in Essen sichert sich angesichts der Lieferengpässe ab und „versucht von allen Leuten Heizplatten zu kaufen, soviel als notwendig ist. Die Notlage selbst ist sehr groß, sodass das Vorgehen ohne weiteres verständig ist. Hilfe unsererseits, auch im eigenen Interesse notwendig", notiert Fischer nach der Besprechung mit der Direktion. Der Konzern erwartet eine Lieferung von 2000 bis 3000 Platten im Monat – als Minimum! Die Firma Küppersbusch soll „mit etwa 300er Heizplatten" gemäß beigefügter Bestellung versorgt werden. Die Firma hat außerdem Interesse an Kochkesseln von BLANCO, ein Auftrag, den Fischer für seinen Partner Heinrich Blanc natürlich ebenfalls gerne mit nach Hause brachte.

Addiert man die einzelnen Liefermengen, so produzierte E.G.O. Ende 1945 allein für die Kunden in Südhessen und im Rheinland rund 13000 Heizplatten pro Monat. Die größten Kunden waren neben den RWE die Gebr. Roeder in Darmstadt und die Homannwerke. Der Bedarf war noch deutlich größer, wie wir aus den Protokollen wissen. Deshalb haben nicht nur die E.G.O.-Kunden Krefft und Burger-Eisenwerke, sondern nach der Vermutung Karl Fischers auch größere Gerätehersteller mit der Entwicklung eigener Herdplatten begonnen. Er sieht die Gefahr, dass auch andere Kunden diesem Beispiel folgen, um sich von der vermeintlichen Abhängigkeit zu lösen und schreibt als Fazit seiner November-Reise: „Es muss auf alle Fälle hier versucht werden, die Produktion mindestens zu verdoppeln, wenn nicht zu verdreifachen." Nur wenn die Herdfabrikanten also eine hohe Liefersicherheit haben, werden sie E.G.O als Kunden erhalten bleiben. Und noch eine Konsequenz zog Karl Fischer aus den anhaltenden Lieferproblemen und bürokratischen Hemmnissen: Er gründete ein Zweigwerk in Silberg im Sauerland, um seinen westdeutschen Kunden und Lieferanten näher zu sein – und den Rohmaterialien des Ruhrgebiets.

Deutlich entspannter als bei den Haushaltsgeräten präsentierte sich der Markt für Großküchengeräte. Das Senkingwerk in Hildesheim war für Fischer „einer der wertvollsten Kunden“, weil sie für ihre Großküchenherde ausschließlich Heizplatten in den Durchmessern 400 und 300 mm benötigten. Bei diesen großen Platten konnte teilweise auf vorhandene Bestände zurückgegriffen werden. „Für einen mittelschweren Herd, der in Arbeit ist, braucht Senking 1 200 Heizstäbe“, die ebenso lieferbar waren wie Heizstäbe im Sonderformat von zwei Metern Länge für die Wäscherei-Anlagen. Schließlich hat das Unternehmen „mit unseren Schaltern die besten Erfahrungen gemacht“ und möchte damit sämtliche Großherde ausstatten.

Ein Strategiegespräch der westdeutschen Elektrowärme-Industrie

Ende September 1945 trafen sich auf Anregung der Militärregierung die Vertreter führender Hersteller von Elektrokoch- und Heizgeräten in der englischen Besatzungszone, „um Überlegungen darüber anzustellen, in welcher Weise die z.Zt. bestehenden Schwierigkeiten in der Produktion behoben werden können“, wie Karl Fischer anschließend protokolliert. Die extremen Lieferengpässe und die hohe Nachfrage hätten dazu geführt, „dass in den letzten Wochen eine große Anzahl neuer Hersteller elektrischer Heizapparate aufgetaucht ist, deren Erzeugnisse teilweise in recht minderwertiger Qualität zu horrenden Preisen auf den Markt kommen. Dadurch wird den branchenkundigen Fachfirmen wertvolles Hilfsmaterial entzogen und die kaufende Bevölkerung mehr oder weniger benachteiligt.“

Um diese Missstände zu beseitigen und den Markt zu stabilisieren, wurde bei dem Treffen die „Arbeitsgemeinschaft der Industrie für elektrische Heiz- und Kochgeräte“ gegründet, die auch gleich mehrere Wünsche gegenüber der Militärverwaltung formulierte. So müssten die Mitglieder der AG bei der Zuteilung von Brennstoffen und dringend benötigen Materialien bevorzugt behandelt werden. Bedauerlich sei auch, dass einige traditionsreiche Unternehmen aus der Vorkriegszeit immer noch ohne Produktionserlaubnis dastünden. Neue Firmen dagegen sollten erst nach eingehender technischer und wirtschaftlicher Prüfung durch die Arbeitsgemeinschaft, die Industrie- und Handelskammer sowie das Landeswirtschaftsamt Westfalen für die Herstellung von Elektrowärmegeräten zugelassen werden. Auch wenn Ludwig Maybaum als Sprecher der AG versicherte, „der Gedanke der freien Wirtschaft soll hierbei keinesfalls beeinträchtigt werden", so sind in dem Maßnahmenkatalog doch korporatistische Tendenzen sichtbar, die dem Schutz der etablierten Industrie dienen sollten. Immerhin verpflichteten sich die Firmen „unter der Voraussetzung, daß die vorstehenden Vorschläge zur Durchführung kommen" zur Herstellung von 300 000 Kochplatten bzw. Einzelkochern, 100 000 Heizöfen und ebenso vielen Bügeleisen bis zum Jahresende 1945. Für die künftige Entwicklung der Herdindustrie war schließlich die Bildung eines technischen Ausschusses von Bedeutung, der sich mit Normierungsfragen befassen sollte. Über die weiteren Treffen der Arbeitsgemeinschaft, die vierteljährlich vereinbart wurden, sind bei E.G.O. leider keine Protokolle erhalten.

E.G.O. als „Mitarbeiter der Kunden" – Gründe für den Erfolg nach 1945

Die Kontaktpflege zu den Kunden war für Karl Fischer kein „Marketinginstrument" im heutigen Sinne. Er verstand sich nicht in erster Linie als Verkäufer, sondern als Berater oder – wie er es immer wieder ausdrückte – als Helfer: „Gleichzeitig mit dem Verkauf war verbunden alles Wissen für den Aufbau, gleichzeitig an die Herdfabriken usw. weiterzugeben. Ich hatte das große Glück, bei diesem Verkauf der Heizplatten und der anderen Dinge, die dazugehören, nie mit den Einkäufern zu verhandeln, es war immer die technische Beratung, die im Mittelpunkt der Gespräche stand, die ausschlaggebend war." Besonders wichtig und willkommen war diese Beratung bei Firmen, die ihre Produktion auf Elektroherde umstellen wollten. Fischer sah sich stets als „Mitarbeiter unserer Kunden", wie er 1978 rückblickend schreibt. „Damit konnte ich in dem Grundsatz, zu helfen und immer wieder zu helfen, in tausend Verhandlungen, 1931 beginnend bis zum heutigen Tag, fortfahren. So ist dann auch die Umkehr gekommen, daß uns die Kunden, mögen es die größten oder die kleinsten sein, gedankt haben mit der Abnahme unserer Geräte."[1]

Die Strapazen der vielen, mit Terminen angehäuften Reisen in den ersten Nachkriegsmonaten lassen sich aus den Protokollen nur erahnen. Doch Fischer schickte trotzdem keinen „Verkäufer" zu den Kunden, sondern wollte selbst den direkten Kontakt aufnehmen, um im persönlichen

Karl Fischer begrüßt die zahlreichen Gäste beim „Tag der offenen Tür", 1951

Gespräch die Wünsche und Ziele der Partner zu erfahren, vor allem aber auch, um die Herdfabrikanten von der herausragenden Qualität seiner Produkte zu überzeugen. Wer hätte dies besser tun können als der Entwickler selbst? In einer kritischen Phase, als viele Firmen angesichts der unsicheren Marktlage überlegten, selbst Platten herzustellen, ist es Karl Fischer gelungen, die Vorzüge eines Spezialisten wie E.G.O. zu vermitteln: langjährige Erfahrung und enormes Fachwissen auf dem Gebiet der Entwicklung und Produktion von Heizplatten in Verbindung mit gut ausgebildeten und motivierten Mitarbeitern. All dies hätten die Herdfirmen erst mühsam aufbauen oder zukaufen müssen.

Bei diesen Gesprächen war Fischer in seinem Element, doch er wusste, dass damit noch nichts gewonnen war. Er musste die Kunden vor allem davon überzeugen, dass E.G.O. die bestellten Teile auch fristgerecht liefern kann. Deshalb die vielen Kompensationsgeschäfte, der Kampf um Kohlen, Roheisen, Bleche oder Drahtmaterial. Deshalb auch immer wieder die Appelle an die eigene Belegschaft, den Ernst der Situation zu erkennen und alles zu geben, um die Produktionszahlen weiter zu erhöhen. Die wenigen Monate zwischen Sommer 1945 und Frühjahr 1946 sollten über die künftige Marktstellung des Oberderdingener Unternehmens entscheiden und Karl Fischer wusste dies sehr genau.

Glückliche Umstände kamen hinzu: Die Produktionsanlagen blieben von Zerstörungen während des Krieges weitgehend verschont und bereits im August 1945 konnte nach Genehmigung durch die Besatzungsmacht mit der Produktion begonnen werden. 1946 arbeiteten schon wieder knapp 300 Menschen bei E.G.O., was ungefähr dem Vorkriegsstand entsprach. Das Unternehmen war produktionstechnisch und durch die intensiven Kontakte zu Kunden und Lieferanten bestens vorbereitet auf die Zeit nach der Währungsreform 1948 und das beginnende „Wirtschaftswunder" der 1950er Jahre.

Von großer Bedeutung war auch die Erweiterung der Produktpalette. So wurde 1951 mit dem Stabthermostat für die thermische Steuerung des Backofens ebenso wie von Boilern begonnen, 1957 ergänzt durch den Hydraulikthermostat. Im gleichen Jahr begann die Fertigung von

Karl Fischer begrüßt Landrat Dr. Hermann Kuhnle, rechts Heinrich Blanc.

Rohrheizkörpern, die bis heute in fast allen Elektrogeräten zu finden sind, die Wärme zum Beheizen benötigen: Backöfen, Waschmaschinen oder Geschirrspülmaschinen sind dabei die bekanntesten Beispiele.

„Strom kommt sowieso ins Haus – nutz' das aus!"

Nachdem die Engpässe bei der Stromversorgung in den unmittelbaren Nachkriegsjahren überwunden waren, setzten die Elektrizitätswerke mit aller Konsequenz auf die voll elektrifizierte Küche. Neben dem Elektroherd, der unbestritten im Mittelpunkt der Werbekampagnen stand, gehörten zu den propagierten „großen Vier" der elektrischen Haushaltsgeräte noch der Kühlschrank (bald auch kombiniert mit dem Gefrierschrank), die Waschmaschine und der Heißwasserboiler. In der Werbung ebenso wie im Bewusstsein der Bevölkerung wurde der beginnende Aufschwung und Wohlstand mit dem Besitz dieser Geräte in Verbindung gebracht. Der Anteil der deutschen Haushalte, die über einen Elektroherd verfügten, verdoppelte sich von 1953 bis 1959 auf 35 Prozent. Die stark gestiegenen Absatzzahlen spiegelten sich natürlich auch im Stromverbrauch der Privathaushalte wider: er stieg allein in den 1950er Jahren um das Dreifache. Diese Zahl liest sich noch eindrucksvoller, wenn man bedenkt, dass sich der industrielle Verbrauch im gleichen Zeitraum lediglich verdoppelt hat.[2] Die tendenziell fallenden Strompreise ab 1950 wirkten ebenfalls verkaufsfördernd.

Das schon in den 1930er Jahren bewährte Zusammenspiel der Versorger mit den Herstellern bzw. Händlern elektrischer Geräte wurde aufgegriffen und fortgeführt. Werbekampagnen in allen Medien, Schul- und Versuchsküchen, Rabattsysteme und spezielle Stromtarife mussten nur der neuen Zeit angepasst werden. Die BEWAG nahm ihr 1941 eingestelltes Ratensystem 1949 wieder auf und gewährte in den folgenden 20 Jahren Kredite in Höhe von 157 Millionen Mark für die Anschaffung von Haushaltsgeräten.[3] Den unbeschwerten Umgang mit dem Stromverbrauch – nach den Energiekrisen am Ende des 20. Jahrhunderts kaum noch vorstellbar – verdeutlicht ein Slogan der bayrischen Isar-Amper-Werke von 1958: „Strom kommt sowieso ins Haus – nutz' das aus!"[4] Gegen diese Logik, kombiniert mit dem unbestreitbaren Komfort der elektrischen Haushaltsgeräte und dem steigenden Einkommen, konnte es keine ernstzunehmenden Einwände mehr geben.

Verleihung des Großen Bundesverdienstkreuzes an Karl Fischer durch Wirtschaftminister Hermann Veit, 1958

5. Die E.G.O. auf dem Weg zum „Global Player"

Karl Fischer erhält Bundesverdienstkreuz

„Der 4. September 1958 wird in die Chronik der Familie Fischer und unseres Werkes, wie auch in die Geschichte der Gemeinde Derdingen, als Ehrentag eingehen. Herr Bundespräsident Prof. Dr. Heuss verlieh unserem Herrn Fischer das Große Verdienstkreuz (des Verdienstordens der Bundesrepublik Deutschland) und Herr Wirtschaftsminister Veit überbrachte diese hohe Auszeichnung nach Oberderdingen."[1] Mit diesen Worten beginnt ein Artikel in der E.G.O.-Werkzeitung „Du und der Betrieb", in dem berichtet wird über dieses Ereignis, das zu einer „wahrhafte(n) Feierstunde" und für alle Teilnehmer zu einem „ergreifenden Erlebnis" wurde. In seiner Rede schilderte der Wirtschaftsminister von Baden-Württemberg Dr. Veit „das Leben und das Schaffen" Karl Fischers, wie es ihm gelang, in relativ kurzer Zeit ein solch großes Unternehmen aufzubauen und 2000 Arbeitsplätze zu schaffen. Neben dieser beeindruckenden unternehmerischen Leistung ist es Fischers außergewöhnliches soziales Engagement, das es zu würdigen gilt: seine Sorge um das Wohl seiner Mitarbeiter, denen er hilft, wo er helfen kann. Nach der feierlichen Übergabe der Auszeichnung beglückwünschte der Wirtschaftsminister Karl Fischer und wünschte ihm für die Zukunft alles Gute. In dem Artikel heißt es nun: „Mit kurzen Worten bedankte sich Herr Fischer für die ihm zugedachte Ehre und wies dabei mit Nachdruck darauf hin, daß es ihm nur dann möglich sei, diese hohe Auszeichnung entgegenzunehmen, wenn er die Gewißheit haben darf, daß auch sein Teilhaber Herr Blanc und alle seine Mitarbeiter, also die gesamte Belegschaft, an der großen Ehre teilhaben darf." Nächster Gratulant war Landrat Dr. Kuhnle vom Kreis Vaihingen/Enz. In seiner Rede hob er den besonderen Umstand hervor, dass Karl Fischer es vollbracht hat, gerade in Oberderdingen ein derartiges Unternehmen aufzubauen, fern von großen Verkehrsstraßen, Schienen oder Wasserwegen, also in einer Region, die eigentlich nicht über die Voraussetzungen verfügt, um dort einen Großbetrieb zu errichten. Dass dies Karl Fischer aber dennoch gelungen sei, verdiene besonderes Lob. Anschließend überbrachte Bürgermeister Pfister seine Glückwünsche im Namen der Gemeinde

Oberderdingen. Bereits ein Jahr zuvor wurde Karl Fischer zum Ehrenbürger der Gemeinde ernannt. Nach Abschluss des offiziellen Teils dieser Veranstaltung nutzte Wirtschaftsminister Dr. Veit die Gelegenheit, unter Führung von Karl Fischer das Werk II der E.G.O. in Oberderdingen zu besichtigen.

Drei Monate später, zum Ende des Jahres 1958, wendet sich Karl Fischer in der Werkzeitung noch einmal persönlich an seine Mitarbeiter. Er spricht über seine Ernennung zum Ehrenbürger Oberderdingens durch den Gemeinderat ein Jahr zuvor (1957) und die Verleihung des Bundesverdienstkreuzes des Großen Verdienstordens der BRD. Sich der Tatsache bewusst, dass es ihm ohne seine Mitarbeiter nicht möglich gewesen wäre, das zu erreichen, was er erreicht hat, und E.G.O. zu einem solch großen Unternehmen zu machen, dankt er ihnen noch einmal für ihre Unterstützung: „Alle diese Ehrungen hängen … zusammen mit dem Ruf, den unsere Firma genießt. Ich möchte an dieser Stelle nochmals darauf hinweisen, daß ich diese Ehrungen nur annehmen durfte, wenn ich sie als Ausdruck der Leistung und des Verhaltens unserer ganzen Arbeitsgemeinschaft werte und betrachte. Ich muß bei dieser Ehrung den Anteil, den Herr Blanc als Mitgesellschafter am Aufbau hatte, in Rechnung stellen. Ich muß sein großzügiges Verhalten in der Führung der Geschäfte erwähnen und ich muß auch erwähnen, daß alle Erträge über all die Jahre auch von seiner Seite der Firma für den Aufbau restlos zur Verfügung standen. Ich muß auch den vorbehaltlosen Einsatz meiner eigenen Mitarbeiter erwähnen, die das Wohl des Ganzen immer und vorbehaltlos über ihr eigenes Wohl stellten. Arbeitskameraden aus den Werkstätten, ich glaube Ihr kennt mich dafür, daß ich weiß und es empfinden kann, was es heißt jeden Tag an irgend einer Stelle ungenannt die Arbeit recht und sorgfältig zu erfüllen mit Hingabe und Fleiß, daß ich weiß, was es besonders für die verheirateten Frauen bedeutet da zu sein und mit zu tun, was es für die Schichtarbeiter bedeutet die Nacht mit dem Tag zu vertauschen und was es für jene Gruppe bedeutet die freien Tage insbesondere auch die Sonntage hinzugeben für Reparaturen und Umbau. Alle diese Momente veranlassen mich noch einmal der ganzen Gemeinschaft für ihren Einsatz zu danken, ohne den das Werk nicht aufgebaut hätte werden können. Als äußeres Zeichen dieser Dankbarkeit beim Rückblick auf eine beinahe 30-jährige segensvolle Arbeit übergebe ich der Belegschaft einen Betrag von 30000,– Mark als Stiftung. … Ich wünsche der Belegschaft ein frohes Weihnachtsfest, ein gutes Neues Jahr und für die Zukunft eine weitere vertrauensvolle Zusammenarbeit. Ihr Karl Fischer“[2]

DU und der Betrieb
E.G.O.
FÜR ALLE ANGEHÖRIGEN UNSERES WERKES
Januar 2. Jahrgang

„DU UND DER BETRIEB“ – DIE MITARBEITERZEITSCHRIFT DER E.G.O.

Die Mitarbeiterzeitschrift „Du und der Betrieb“ erschien erstmals 1952, zunächst monatlich und später wöchentlich. Unter der Schriftleitung von Reinhard Wurmbach stellten die ersten Ausgaben die Arbeit einzelner Abteilungen der E.G.O. vor: „Vom Plattenwerk zum Prüfstand“, „Fragen um Guß und Gießerei“ oder „Das laufende Band“. In dem stark wachsenden Unternehmen war es den Arbeitern und Angestellten längst nicht mehr möglich, den gesamten Produktionsprozess zu überblicken und untereinander engen Kontakt zu halten, zumal Werke in Sulzfeld und Sternenfels hinzukamen. „Du und der Betrieb“ informierte über die Arbeit und technischen Abläufe in den verschiedenen Unternehmensbereichen und stärkte mit Hinweisen auf die hohen Qualitätsstandards sowie die zahlreichen sozialen Leistungen das Gemeinschaftsgefühl der „E.G.O.-Familie“. Nützliche Hinweise zum Steuerrecht, zur Abgabe der Steuererklärung oder zu Fragen des Alltagsrechts kamen hinzu.

Die Redaktion befasste sich aber auch mit grundsätzlichen Fragen des modernen Arbeitslebens und kam – etwa mit Blick auf das „laufende Band“ – zu durchaus kritischen Folgerungen: „Die Arbeitsteilung in ihrer äußersten Zuspitzung, in der Form der Arbeitszergliederung in wenige einfache Handgriffe, schafft Spezialisten, die mit geradezu mechanischer Geschicklichkeit und Genauigkeit arbeiten.“ Aber ist es anderseits nicht so, fragt das Blatt, dass „die Arbeit des einzelnen zur Bedeutungslosigkeit herabsinkt? … Wo kann sich hier noch der Mensch ‚ausprägen'?“ Doch auch wenn die meisten Mitarbeiter das „laufende Band“ als „wesensfremd“ empfinden, könne der technische Fortschritt nicht aufgehalten, das Fließband nicht einfach abgeschaltet werden. Jeder müsse mit „Pflichterfüllung, Fleiß und Disziplin“ seinen Beitrag zum Endprodukt leisten. Nur wer diese Zusammenhänge erkenne, schließt der Beitrag vom November 1952, könne auch am laufenden Band Arbeitsfreude und Gemeinschaftsgefühl empfinden.

Ähnliches gilt für die Gießerei, bei deren Beschreibung im ersten Heft des Jahres 1953 die Schwere der Arbeit keineswegs beschönigt wird: „Alles grau in grau. Die Füße schlürfen durch eine Mischung von Sand und Kohlenstaub, Wände und Decken zeigen sich schwarzgrau, durch die Oberlichter und Fenster bricht sich das Tageslicht nur mühsam Bahn. Wer einen freundlichen, idyllischen Arbeitsplatz sucht – in der Gießerei findet er ihn jedenfalls nicht. Wer aber gegen guten Lohn schwere Arbeit leisten will und kann, der ist hier richtig untergebracht.“

DU und der Betrieb

E.G.O.

FÜR ALLE ANGEHÖRIGEN UNSERES WERKES

Nr. 1 Januar 1953 — Oberderdingen — 2. Jahrgang

Fragen um Guß und Gießerei

Monotones Stampfen der Formmaschinen — das ist die Begrüßungsmusik, nicht gespielt von Frackträgern mit weißer Wäsche, sondern von verschwitzten, verschmierten und verrußten Männern, die tagtäglich harte Knochenarbeit leisten müssen. Es sind auch keine Sphärenklänge, sondern sehr erdenschwere und grobe Töne, aber Töne, die uns dennoch gut in den Ohren klingen, weil sie uns Arbeit und Brot bedeuten.

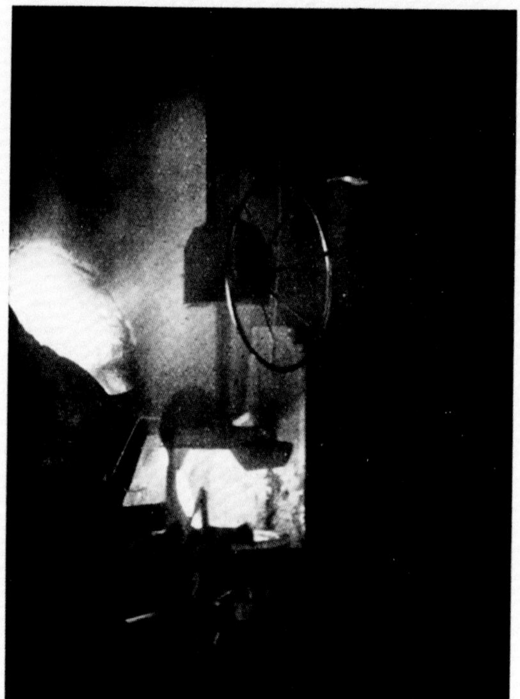

Und das Bild dazu? Alles grau in grau. Die Füße schlürfen durch eine Mischung von Sand und Kohlenstaub, Wände und Decken zeigen sich schwarzgrau, durch die Oberlichter u. Fenster bricht sich das Tageslicht nur mühsam Bahn. Wer einen freundlichen, idyllischen Ausflugsplatz sucht — in der Gießerei findet er ihn jedenfalls nicht. Wer aber gegen guten Lohn schwere Arbeit leisten will und kann, der ist hier richtig untergebracht.

Der Laie muß schon länger hinschauen, damit sich vor seinen Augen alles entwirrt, und er die Zusammenhänge richtig sieht. Da sind zwei Straßen, die zusammenmünden. Die eine ist das Formen mit allem, was dazu gehört; die andere ist das Einschmelzen und Gießen. Mit dem Guß haben sich die Straßen gefunden. Da die Former genügend Formkästen zur Verfügung haben, brauchen sie nicht auf den Guß zu warten, sondern können freiweg im Akkord schaffen.

Und da erkennt man einen Kreislauf von Formsand. Der Sand wird im Mischer unter Zusatz von Kohlenstaub, Bindemitteln und Wasser gemischt und geht übers Förderband zu den einzelnen Formmaschinen. Hier wird er in den Formkästen mittels Druckluft zu den Formen verarbeitet. Nach dem Gießen, das bei uns nach einem besonderen Verfahren erfolgt, wandern die gegossenen Kästen auf der Rollenbahn zur Ausschlagstelle, von wo aus der Sand über die Vorratsbunker wieder zum Mischer zurückkommt. Der Tagesbedarf an Sand mag 50 000 kg betragen. Ohne Kreislauf wäre hier schon ein netter Haufen Formsand nötig. Teilen wir 50 durch 1.67 (Formsand ist 1.67 mal so schwer wie Wasser), dann erhalten wir den Raumbedarf, nämlich 30 cbm, das wäre ein Sandwürfel von 3,1 Meter Kantenlänge.

Die Spulen der Hochfrequenz-Schmelzöfen und der Kompressoren, die die Druckluft für die Formmaschinen liefern, müssen ständig gekühlt werden. Der Kühlwasserbedarf kann für den normalen Arbeitstag mit 50 000 ltr veranschlagt werden. Auch das Kühlwasser macht einen Kreislauf durch. Das Abwasser dient als Warmwasser für die Duschanlagen, und der Kreis wird hier über das Wasserbassin im Hof geschlossen. Der tatsächliche Wasser-Verbrauch wird durch Zufluß ausgeglichen. Ein Überlaufrohr verhindert, daß das Bassin überläuft.

Setzen wir nun unsere kleinen Zahlenspielereien fort, so kann man bei unserer Tagesproduktion von einigen Tausend Platten und Heizstäben mit einem Stromverbrauch für Schmelzen, Druckluft und Sandbeförderung von 2,4 KW pro Kasten rechnen. Das ist derselbe Stromververbrauch, den eine Hausfrau erzielt, wenn sie eine 180er-Heizplatte 2 Stunden lang brennen läßt. Nach dem Guß muß noch der Stromverbrauch für die Strahlmaschinen und Schmirgelböcke usw. berücksichtigt werden. Und das Wichtigste: wieviel Guß benötigen wir pro Kasten? Unter Berücksichtigung des Eingusses und der Läufe, des Abfalles also, kann man für den Durchschnittskasten 1,8 kg rechnen. Damit würden wir rund 12 Tonnen Guß pro Tag benötigen. Guß heißt natürlich nicht Roheisen, weil auch hier wieder kleine Kreisläufe zurücklaufen. Der Einguß und die Läufe werden abgeschlagen und gehen über kurz oder lang zurück zum Einschmelzen, ebenso

Hoher Einsatz zahlt sich für die Mitarbeiter also durch steigende Löhne und wachsenden Wohlstand aus. Aber auch hier findet die Betriebszeitschrift nachdenkliche Worte, die um so bemerkenswerter sind, als sich Deutschland gerade erst am Anfang des „Wirtschaftswunders" befand: „Die Maschinen, die die Arbeitskraft multiplizieren, Rationalisierung und Fließband schaffen Unglaubliches und doch – niemals genug. Mit der Zahl der erfüllten Wünsche steigt zugleich die der nichterfüllten ins Uferlose. Wir leben, wie die Philosophie erkannt hat, in einer Krise der Wünsche." Doch die Krise einer Gesellschaft, die sich vor allem über Konsum und Wachstum definiert, sollte erst sehr viel später ins öffentliche Bewusstsein rücken. Noch fast zwei Jahrzehnte lang schien es so zu sein, dass zumindest den materiellen Wünschen kaum Grenzen gesetzt sind – jedenfalls dann, wenn man mit Fleiß arbeitet und seinen Beitrag zum Betriebserfolg leistet. Für die Belegschaft der E.G.O. – ebenso wie der BLANCO – waren die Früchte ihrer Arbeit aber nicht nur in der Lohntüte spürbar. Sie sahen auch das rasante Wachstum ihrer Unternehmen, das sich in immer neuen Betriebshallen und sprunghaft steigenden Belegschaftszahlen bis in die 1970er Jahre hinein äußerte. Die Mitarbeiterzeitschriften „Du und der Betrieb" und „BLANCO Presse" dokumentierten diesen Prozess und waren gleichzeitig wichtige Bindeglieder der immer größer werdenden Firmen.

Ende der 1950er Jahre verkleinerte sich das Format von „Du und der Betrieb" auf DIN A5 und vermutlich wechselte auch die Redaktion. Der Stil war jetzt ebenfalls ein anderer. Das Blatt wandte sich unter der Anrede „Arbeitskameraden, Arbeitskameradinnen!" direkt an die Mitarbeiter, allgemeine Informationen traten gegenüber organisatorischen Fragen und moralischen Appellen deutlich in den Hintergrund. Es ging um Sauberkeit und Ordnung in dem weitläufigen, immer größer werdenden Betrieb, um die Regelung der Mittagspause in der eigentlich zu kleinen Betriebskantine, um das Übel des „Krankfeierns" in Zeiten der Vollbeschäftigung und vieles mehr. Dass sich der eifrige Redakteur dabei ab und an im Ton vergriffen hat, musste er nach heftigen Reaktionen der Leserschaft in den Folgenummern selbst einräumen. „Du und der Betrieb" erreichte jedenfalls auch in diesen Jahren ein wichtiges Ziel: Das Wochenblatt blieb im Gespräch und die Reaktionen in Form von betriebsinternen Diskussionen und (mehrfach erwähnten, aber nicht abgedruckten) Leserbriefen vermittelten der Geschäftsleitung einen guten Eindruck von der Stimmung in der Belegschaft und den großen wie kleinen Sorgen der Mitarbeiter. Wir erfahren aber auch viele Details über die Auftragslage, etwa wenn um Verständnis für Überstunden und Samstagsarbeit geworben werden musste. Nie vergessen hat das Blatt die Neuvermählten, wobei eine „E.G.O.-Hochzeit", also die Ehe zwischen zwei Betriebsangehörigen, besonders freudige Erwähnung fand.

Die Zeitschrift diente somit als Brücke zwischen der Unternehmensleitung und der wachsenden Belegschaft.

Karl Fischer, der soziale Unternehmer

Karl Fischer erhielt das Bundesverdienstkreuz „(i)n Würdigung (seiner) unternehmerischen Leistung und der in Fürsorge für die Mitarbeiter freiwillig erbrachten sozialen Unterstützung“[3]. 1958 wurde – wie von Karl Fischer bereits angekündigt – die sogenannte EGO-Wohlfahrtsstiftung gegründet: „Die Mittel aus dieser Stiftung sollen als Erziehungs- und Ausbildungshilfe in erster Linie den Familien zugute kommen, deren Ernährer im Dienste an der Firma durch Krankheit oder Unglück ganz oder teilweise ausgefallen sind. Sie sollen in zweiter Linie Ausbildungshilfen für fähige Kinder von Betriebsangehörigen sein, wenn es die Verhältnisse rechtfertigen.“[4] Bereits 18 Jahre zuvor, 1940, also während des Zweiten Weltkrieges, war von Karl Fischer der sogenannte Unterstützungsverein

Betriebsführung durch Karl Fischer, 1951

ins Leben gerufen worden. In seiner Satzung liest man: „Zweck des Vereins ist die Gewährung von Unterstützung an Zugehörige der (E.G.O.) und an deren Angehörige in Fällen der Not, insbesondere in Fällen von Krankheit, Tod, unverschuldeter Arbeitslosigkeit, bei Berufsunfähigkeit, im Alter und bei Eintritt Bedürftigkeit auslösender Ereignisse." So wurde z.B. auch Witwen von verstorbenen oder gefallenen Betriebskameraden und deren Kindern finanziell geholfen. Seit 1946 gibt es bei E.G.O. die sogenannte „Urlaubsverschickung": Regelmäßig erhalten Betriebsangehörige die Möglichkeit zu einem Erholungsurlaub im Schwarzwald. 1960 nutzten dies z.B. ca. 500 Mitarbeiter, das entspricht etwa einem Viertel der Belegschaft. 1950 gründete Karl Fischer eine Stiftung für die Weiterbildung von Kindern verstorbener Betriebsangehöriger (Waisen-Stiftung). 1951 fand anlässlich des 20-jährigen Firmenjubiläums ein gemeinsamer Betriebsausflug statt. 1957 wurde bei E.G.O. eine Nebenstelle des Deutschen Roten Kreuzes (mit Krankenwagen) eingerichtet. So wurden bei E.G.O. viele Sozialleistungen, die heutzutage allgemein üblich und selbstverständlich sind, schon früh eingeführt und im Laufe der Jahre durch weitere ergänzt. Es seien hier nur einige genannt: Lohnzulagen, Arbeitsschutz und Unfallverhütung, Gesundheitsdienst, betriebliches Informationswesen, bezahlte Ausfallzeiten bei Berufsförderungsmaßnahmen, Lohnzahlungen für Karenztage und bei Schwangerschaftsuntersuchungen, Zuschüsse für Erholungskuren, Schaffung zahlreicher Werkwohnungen. E.G.O. schloss für seine Mitarbeiter Lebens- und Unfallversicherungen ab, um deren Altersversorgung zu sichern. E.G.O. gründete eine eigene Werkbücherei. Aus dieser ging später die heutige Gemeindebücherei in Oberderdingen hervor. All dies macht deutlich, wie sehr Karl Fischer das Wohl seiner Mitarbeiter und deren Angehöriger am Herzen lag. Karl Fischer war weit mehr als nur ein reiner – sehr erfolgreicher – Unternehmer; er war vor allem ein sozial denkender Mensch, für den seine Mitarbeiter mehr waren als Arbeitnehmer, nämlich Mitglieder einer großen Familie: der E.G.O.-Familie.

KARL FISCHER – EHEMALIGE MITARBEITER ERINNERN SICH

Karl Fischer unternahm sehr gerne früh morgens schon Spaziergänge, alleine oder mit Heinz Treffinger, um die anstehenden Fragen und Probleme zu durchdenken und zu diskutieren. Bereits in seiner Oberweiler Heimat war ihm die Natur ans Herz gewachsen. Hier fand er ein Leben lang Ruhe und Inspiration – und die Kraft für einen langen Arbeitstag.

Die hohe persönliche Disziplin setzte Fischer auch bei seinen Mitarbeitern voraus. Wer zu spät kam, wurde von ihm persönlich begrüßt – ein stiller Tadel, der seine Wirkung aber nicht verfehlte!

Das Rauchen lehnte Karl Fischer grundsätzlich ab und ermahnte vor allem junge Mitarbeiter, dieses höchst gesundheitsschädliche Laster aufzugeben. „Wenn der Schöpfer gewollt hätte, dass wir rauchen, hätte er uns einen Kamin wachsen lassen", pflegte er gegenüber Rauchern immer wieder zu sagen. Der ehemalige Technische Geschäftsführer Robert Kicherer erinnert sich an eine Episode aus dem Konstruktionsbüro. Wie so oft war Karl Fischer schon früh morgens gekommen, um seine neuesten Ideen mit den Technikern zu diskutieren. Zwei jüngere Mitarbeiter, die heimlich rauchten, konnten ihre Zigaretten nur noch in den Papierkorb fallen lassen – der dann natürlich in Flammen aufging. Fischer schickte sie zu seiner Tochter Dorothee mit der Aufforderung, sich das Buch über die Schädlichkeit des Rauchens auszuleihen!

Karl Fischer war immer ungeduldig, wenn es um die Einführung neuer Produkte ging, wie sich der frühere Vertriebsleiter Werner Frank erinnert. „In drei Monaten müssen wir den neuen Thermostat für den Nachtspeicherofen haben", gab Fischer einmal als Ziel aus. Auch wenn dieser Termin knapp verfehlt worden ist, war die E.G.O. doch deutlich vor der Konkurrenz am Markt! Das mag auch daran gelegen haben, dass sich Karl Fischer nicht nur in vielen Gesprächen mit seinen Technikern um alle Details einer Neuentwicklung gekümmert hat, sondern auch um die praktischen Produktionsabläufe. Beim Einbau neuer Maschinen war er persönlich dabei. Bei einem Defekt in der Gießerei hat er sich mit weißem Hemd und Krawatte unter die Maschine gelegt, um nach dem Fehler zu suchen, erinnert sich Robert Kicherer. Er wollte alles selbst „begreifen" und den Dingen auf den Grund gehen. Für die Mitarbeiter war er damit ein großes Vorbild – vom Geschäftsführer bis zum Pförtner. Dieser sagte eines Abends, als es bei Karl Fischer wieder einmal spät wurde: „Eigentlich brauchen Sie mich gar nicht, Sie sind ja ständig hier!"

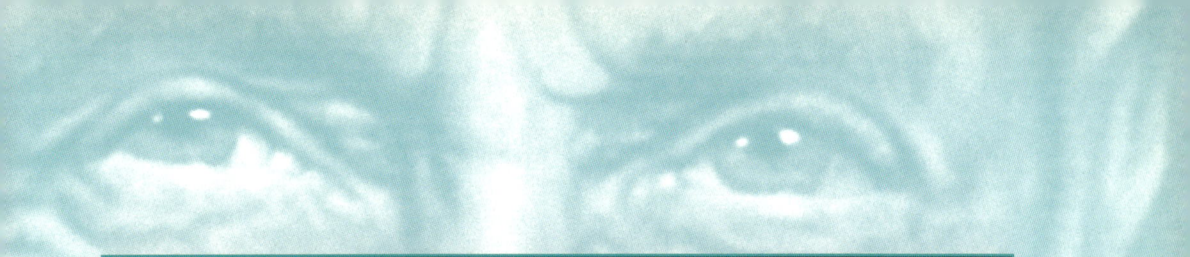

Von der Akribie Karl Fischers weiß auch der ehemalige Laborleiter Hermann Nagel zu berichten. Neuerungsvorschläge seiner Techniker bedachte er immer sehr gründlich und bis ins kleinste Detail. War er dann einmal von einer Sache überzeugt, vertrat er sie mit aller Konsequenz. Fischer wusste um die Bedeutung technischer Innovationen und hat Testreihen im Labor nie aus Kostengründen gestoppt, so Nagel. Er hat sich immer selbst mit Produktentwicklungen befasst, auch wenn sie wie die Mikrowellentechnik bei der E.G.O. letztlich nicht realisiert worden sind. Der Gießerei als Herzstück der Kochplattenproduktion galt Fischers besonderes Interesse. Um die analytischen Werte des Gusses hat er sich persönlich gekümmert, immer auf der Suche nach einer noch höheren Qualität. „Diese Genauigkeit und das Wissen um alle Details und Produktionsabläufe waren ein wichtiger Erfolgsgarant für die E.G.O.", blickt Hermann Nagel zurück.

„Der Konkurrenz immer mindestens einen Schritt voraus sein", war nach Dorothee Fischer das Motto ihres Vaters. Dieser Wettbewerbsvorteil sicherte letztlich auch die finanzielle Unabhängigkeit von den Banken, die Fischer immer wichtig war. Solange eine Entwicklung nicht abgeschlossen war, blieb er unruhig und beleuchtete die offenen Fragen von allen Seiten. Selbst die geliebte Natur geriet dabei aus dem Blick. Die Entwicklung einer neuen Mischung für die Gießerei nahm fast ein Jahr in Anspruch: „Ich habe die Kartoffeln blühen gesehen und mit der Lösung des Problems war auch das Jahr zu Ende", sagte er rückblickend.

Die Aufgaben der Auszubildenden, damals einfach Lehrlinge genannt, waren Anfang der 1950er Jahre durchaus vielfältiger als heute. Bier zu holen für die gestandenen Arbeiter gehörte wie selbstverständlich dazu. Der Preis von 37 Pfennigen pro Flasche schien günstig für ein Trinkgeld zu sein, aber nicht jeder verzichtete auf die 3 Pfennig Rückgeld, wie sich Waldemar Klein, der spätere Leiter der Kapillarrohrfertigung, erinnert. Nicht besonders beliebt war das Vesperholen in der „Germania", da sich in der Metzgerei immer lange Schlangen gebildet haben.

Die Arbeitswoche hatte damals noch 48 Stunden und die Lehrlinge mussten samstags die Maschinen putzen. Falls dies nicht gründlich genug geschehen ist, ließ sie Karl Fischer am Montagmorgen antreten, um ihnen die Bedeutung dieser wichtigen Arbeit zu erklären. Zu einem übergewichtigen Lehrling sagte Fischer eines Tages mit Sorge um dessen Gesundheit: „Felix, Du bist zu mast!"

Auch in anderer Hinsicht war Karl Fischer die Fürsorge um seine Mitarbeiter wichtig. Nach dem Krieg hat er den vielen Halb- und Vollwaisen den doppelten Lehrlingslohn bezahlt. Für die häufig schlecht ernährten Mitarbeiter organisierte Fischer Erholungsfahrten in den Schwarzwald.

E.G.O. expandiert: national und international

E.G.O. wuchs immer weiter. Hatte man bis Ende der 1950er Werke in Silberg (1946), Sternenfels (1955), Sulzfeld (1957) und Eichtersheim (1959) errichtet, so folgten in den 1960er Jahren weitere in Weiler (1961), Freudenstein, Kirrlach, Wiesental (alle 1962) und schließlich Ende des Jahrzehnts noch eines in Michelfeld (1969). Aber man begann nun auch international zu expandieren. Im Laufe der 1960er Jahre wird E.G.O. zu einem weltweit tätigen Unternehmen ausgebaut. Als erste ausländische Tochtergesellschaft gründete man bereits 1960 die E.G.O. Italiana S.p.A. in Novara/Italien. 1962 errichtete man eine Niederlassung in Frankreich, die E.G.O. France S.A.S. in Saulny, 1968 eine in Österreich, die E.G.O. Austria in Matrei, die dann 1977 nach Heinfels übersiedeln sollte. Ebenfalls im Jahr 1968 begann eine Kooperation mit der Firma ETA im damaligen Jugoslawien (Cerkno/Slowenien). Ein Werk in Norwegen kam hinzu sowie Auslandsvertretungen in Israel, Südafrika, Indien und Japan. 1969 gründete man in Zug/Schweiz die E.G.O. Elektrogeräte AG als Holding für alle ausländischen Unternehmen. Neben Produktionsgesellschaften wurden mehrere Vertriebsgesellschaften im Ausland gegründet. Neben der Expansion durch Errichtung neuer Standorte wurden auch bereits bestehende ständig erweitert durch Neubauten bzw. Umbauten. Das starke Wachstum des Unternehmens spiegelte sich natürlich auch in der Zahl der Mitarbeiter. Diese stieg im Laufe der 1960er Jahre von ca. 3200 (1960) auf über 5000 (1969) in Deutschland. Ein wichtiges Produkt, das man in dieser Zeit entwickelte, war die Automatikkochplatte (1961), die die Temperatur selbsttätig und energiesparend regelt: Ein in der Mitte der Kochplatte angeordneter Temperaturfühler greift am Topfboden die Temperatur ab und steuert die notwendige Leistung temperaturabhängig. Damit

Kochplattenfertigung, 1950er Jahre

Werbung für den „Egomat“, Ende der 1950er Jahre

wurde es möglich, Kochvorgänge automatisch zu steuern. Gleichzeitig bietet der Kochplatten-Thermostat einen ausgezeichneten Schutz gegen Überhitzung sowohl der Kochplatte als auch des Kochgeschirrs und bei richtiger Einstellung auch des Kochgutes.

Die E.G.O. in den 1970er Jahren

Expansion und Ölkrise in den 1970er Jahren

Die E.G.O. setzte ihre internationale Expansion in den 1970er Jahren zunächst ungebrochen fort. 1971 begann die Zusammenarbeit mit der jugoslawischen Firma Elektro-Kontakt in Zagreb, im heutigen Kroatien. 1972 errichtete das Unternehmen eine Auslandsniederlassung in Griechenland,

HILFE – MITARBEIT – VERTRAUEN
KARL FISCHERS ETHIK DES UNTERNEHMERISCHEN HANDELNS

Am 3. März 1973 konnte Karl Fischer unter großer Anteilnahme der Belegschaft und der Öffentlichkeit seinen 80. Geburtstag feiern. Wenige Monate später, im September 1973, gab er eine Gedenkmünze heraus. Seine Erläuterungen zu dieser Münze können durchaus als Vermächtnis des Firmengründers gesehen werden, in dem er die ethischen Grundsätze seines unternehmerischen Handelns darstellt. Wir drucken den Text wegen seiner grundsätzlichen Bedeutung in Auszügen ab[5]:

„Wenn Ihnen heute die Gedenkmünze vorliegt, die etwas aussagen soll über das, was mir in den 80 Jahren meines Lebens und in den 45 Jahren der Arbeit für die E.G.O. als wichtig erschien und grundlegend war, dann lassen Sie mich einiges dazu sagen, was mich zur Herausgabe der Münze veranlaßt hat: Als am 3. März dieses Jahres anläßlich meines Geburtstages eine Fülle von Blumen und Glückwünschen eintrafen, als die … Betriebsratsvorsitzenden … die Geschenke der Belegschaft überbrachten, als mir Herr Direktor Treffinger die Unterschriften der mehr als sechstausend Mitarbeiter als Gruß der Belegschaft überbrachte, stand etwas vor mir, was mit Dank allein nicht zu beschreiben ist. Es ist vielmehr eine Verpflichtung für die nächste Zeit, für die Zukunft. Es war mir nicht klar, wie ich mit den Dingen fertig werden sollte. Als mir dann in Umrissen klar wurde, daß es nicht ein Vermächtnis in Geld oder Gut sein kann, kam mir der Gedanke an eine Münze. Und auch hier war es dann so, daß es wiederum nur eine Verpflichtung, oder das Folgen einer Forderung sein kann oder darf, wenn ich dies zu tun wage. – So nahm die Münze Gestalt und Form an; dazu als Rahmen das beigefügte Schmuckblatt.

Vertrauen ist das Resultat, das Ergebnis aus Hilfe und Mitarbeit; Vertrauen auf die Helfenden, Vertrauen auf die miteinander Arbeitenden. Wenn jeder von uns Hilfe, Mitarbeit und Vertrauen um sich hat und verpflichtend Hilfe, Mitarbeit und Vertrauen weitergibt, sind Grundlagen geschaffen, die die größtmögliche Sicherheit für alle bieten.

So sind die drei Worte und Begriffe ‚HILFE, MITARBEIT und VERTRAUEN' zusammen eine Leitlinie, für die ich dankbar bin gegenüber meinen Eltern, meiner Familie, aber auch gegenüber jedem Mitarbeiter. Es ist dies der Boden gewesen, auf dem alles gewachsen ist, was wir als die ‚E.G.O.' bezeichnen. Das Kraftfeld, in dem aus den kleinsten Anfängen heraus in gegenseitiger Zusammenarbeit das kostbarste Gut für unseren Betrieb, das Vertrauen der letzten Abnehmer, gewachsen ist.

Zu der anderen Seite der Münze: Sie sehen dort das Gehäuse – die Schale – des Nautilus – von außen zu sehen einfach ein harmonisches Gebilde, sowie die Worte: Ursprung allen Seins ist das ‚GLÄUBIGE JA'.

Lassen Sie mich die Gründe nennen, die mich bewogen haben, diese Zusammenstellung als Gegenseite in die dauerhafte Form der geprägten Münze zu bringen.

Ich habe schon erwähnt, daß das Bild des Gehäuses in seiner Harmonie rein äußerlich besticht … Es ist die aufgeschnittene Hälfte eines in den griechischen Gewässern noch lebenden Weichtieres, ähnlich unserer Weinbergschnecke, nur viel größer. Was mich veranlaßt hat, das Schöne in seiner Harmonie wiederzugeben, ist das Wissen, daß dieses Tier gerade in seiner Vollkommenheit schon gelebt hat in der vorgeschichtlichen Zeit, in einer Zeit, in der es nach unserer heutigen Vorstellung noch keine feste Erde gab, in der noch keine Pflanzen waren; Jahrmillionen vor den Säugetieren. Daß es dort schon ausgestattet war mit der Möglichkeit, aus Kalk eine Schale zu bilden, die es ihm ermöglichte, unterschiedlichen Drücken von nahezu 100 Atmosphären standzuhalten. Ein Wesen, das die Kraft und Vollkommenheit Jahrmillionen bewahrte, das in der Lage ist, sich zu bewegen, zu tauchen, zu schwimmen, Veränderungen zu überleben, wie die Eiszeit, Veränderungen in der Zusammensetzung der Atmosphäre, des Wassers, der Kälte, des Lichts etc. …

Es ist sicher nicht schwer, einiges andere zu erkennen, das mit unserer Arbeit zusammenhängt. Das Tier selbst ist aus einer kleinsten Zelle entstanden, die im innersten Teil der Spirale als Tier kaum auszumachen ist. Es ist, seinen Gesetzen folgend, bis zu einer Größe von ca. 20 cm (Durchmesser) gewachsen; es hatte Verwandte bis zu der doppelten Größe.

Auch die E.G.O. ist aus einer Zelle gewachsen, die ursprünglich 8 bis 10 Menschen umfaßt hat. Sie ist nach ihren Gesetzen gewachsen, hat sich wieder unterteilt, hat ein neues Gebilde geschaffen, wiederum nach den gleichen Gesetzen lebend. Es ist auch nicht schwer, diese Vorstellung in die Zukunft zu übertragen, für alles, was wächst, wachsen muß und wachsen darf.

Und wenn ich glaube, das Gesagte in die Münze prägen zu sollen, in eine Form zu bringen, die am besten standhält, in ein Material, das mit am beständigsten ist, so deswegen, weil ich in meinem 80-jährigen Leben, unter Einbeziehung der Erfahrungen des Lebens meiner Eltern, die Begriffe weitergeben möchte, die Linien, die getragen haben und immer weiter tragen werden.

Folgen wir diesen einfachen Gesetzen, verantwortlich zu sein für unser Tun, gemessen am Wohle des Ganzen, wird die Gemeinschaft auch immer Mittel und Wege finden zu besseren Lebensformen, zu mehr Gerechtigkeit, zu innerer Befriedigung, zum Ausschalten des Neiddenkens, das jeden Erfolg im Ansatz immer wieder verdirbt."

die E.G.O. Hellas in Athen, 1975 eine in der Schweiz, die E.G.O. Staufen AG in Lenzburg. Am Ende des Jahrzehnts folgten zwei Tochtergesellschaften in Übersee: die E.G.O. South Africa Ltd. in Germiston/Südafrika (1979) und die E.G.O. North America Inc. in Newnan,Georgia/USA (1980).

In den 1970er Jahren begann das Zeitalter der Elektronik, das die E.G.O. rasch als bedeutende Zukunftstechnologie erkannte. So wurden nach umfangreicher Forschung und Entwicklung die ersten elektronischen Komponenten für den Elektroherd gefertigt. Aus diesen Anfängen heraus entwickelte sich E.G.O. zu einem Hochtechnologie-Unternehmen mit modernsten Prüf- und Forschungslabors. Auch die Fertigungsprozesse wurden Schritt für Schritt modernisiert.

1973, in dem Jahr, in dem Karl Fischer seinen 80. Geburtstag feierte, erreichte der Beschäftigungsstand bei E.G.O. mit ca. 6 300 Mitarbeitern in Deutschland seine Rekordhöhe. Im gleichen Jahr trat Georg Fischer, ein Sohn des Firmengründers, in die E.G.O. ein. Das Unternehmen war inzwischen in vielen Bereichen Weltmarktführer.

Skizzen von Karl Fischer zur Kochplatte mit breitem Überfallrand, 1979

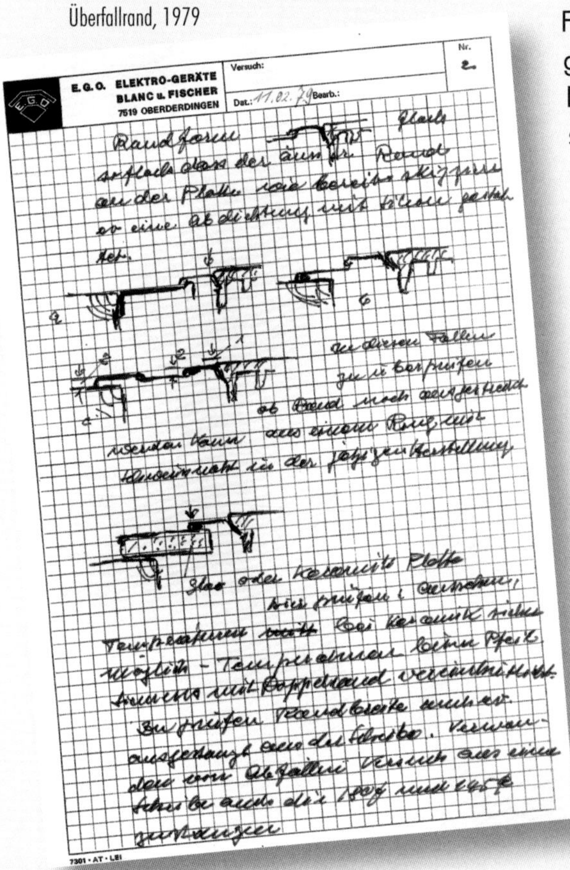

Doch die Ölkrise mit weltweiter Rezession konnte für das international agierende Unternehmen nicht ohne Auswirkungen bleiben. Es kam zu drastischen Umsatzrückgängen, die wiederum Kurzarbeit und Entlassungen zur Folge hatten. Ende 1975 zählte E.G.O. nur noch rund 4 000 Mitarbeiter. Die Werke in Kirrlach, Freudenstein und Michelfeld mussten in den Jahren 1974–75 stillgelegt werden. Hinzu kam die Einbindung der BLANCO, die kurz vor der Insolvenz stand.

Broschüre,
Ende der 1970er Jahre

Am 1. Januar 1975 trat E.G.O. – nicht zuletzt um die Arbeitsplätze bei BLANCO zu retten – als Kommanditist mit einem Anteil von 50 Prozent in die BLANCO GmbH & Co. KG ein und übernahm sämtliche Anteile an der Blanc & Co. Verwaltungs-GmbH.

Im Dezember 1976 schrieb Karl Fischer im Rückblick auf diese schwierige Zeit: „Wir können das Geschehen des Jahres 1976 nicht betrachten, ohne gleichzeitig auch die Jahre 1973, 1974 und 1975 mit einzubeziehen. Das Jahr 1973 stand im Zeichen einer großen Leistung, eines hohen Einsatzes und des größten Umsatzes. Bereits im Juni 1974 mußten wir Kurzarbeit anmelden. Das Jahr 1975 brachte in großem Umfang weitere Kurzarbeit und – was für uns am schwersten war – die Entlassung von Mitarbeitern. Ende 1975 betrug die Produktion in einzelnen Bereichen bis zu 40 Prozent weniger als im Jahr 1973."[6]

Dennoch entwickelte die E.G.O. auch in den 1970er Jahren ihre Angebotspalette durch verbesserte und neue Produkte ständig weiter. So kamen Berührschalter für Zweikreis-Strahlungsheizkörper – Vorläufer der späteren Touch Control Steuerungen – auf den Markt. 1972 entwickelte man Kontaktheizkörper mit integriertem Stabtemperaturregler zur Beheizung von Glaskeramik-Kochflächen. Seit 1972 gehören Temperaturbegrenzer zum Standardprogramm der E.G.O. 1974 begann der stufenlose Energieregler mit der steigenden Nachfrage nach Glaskeramik-Kochflächen seinen Siegeszug. Ein Jahr später startete die Produktion des 7-Takt-Schalters mit Kunststoffgehäuse. 1977 entwickelte das Unternehmen Strahlheizkörper mit integriertem Temperaturregler für die Beheizung der Glaskeramik-Kochflächen.

Karl Fischer 1982 im Gespräch mit Sparkassen-Direktor Ernst Wagener (li.), Direktor Heinz Treffinger (2.v.li.) und Geschäftsführer Erich Fuchslocher (re.)

Das Lebenswerk Karl Fischers – Würdigungen zum 90. Geburtstag und anlässlich seines Todes

Am 3. Juli 1985 stirbt Karl Fischer im hohen Alter von 92 Jahren in Oberderdingen. Mehr als ein halbes Jahrhundert zuvor hatte er die E.G.O. gegründet und deren Entwicklung von einem Pionier bei der Herstellung elektrischer Kochplatten zu einem international agierenden Unternehmen in der Elektronikbranche wesentlich geprägt. Zahlreiche kommunale und staatliche Ehrungen konnte er in Anerkennung seiner Lebensleistung entgegennehmen: die Ehrenbürgerwürde der Gemeinde Oberderdingen 1957, schon ein Jahr später das Große Verdienstkreuz des Verdienstordens der Bundesrepublik Deutschland und schließlich 1984, also ein Jahr vor seinem Tod, die Verdienstmedaille des Landes Baden-Württemberg, überreicht von Ministerpräsident Lothar Späth.

Bürgermeister Erwin Breitinger würdigte den verstorbenen Ehrenbürger Karl Fischer in einer Sondersitzung des Gemeinderates wie folgt: „Wir verbeugen uns vor der Größe und Leistung eines Mannes, der wie kein anderer unserer Region, den Menschen unserer Gemeinde half. Die industrielle Entwicklung, insbesondere der Nachkriegszeit, wäre ohne die unternehmerischen Fähigkeiten von Herrn Fischer nicht denkbar gewesen. Die hunderte von Arbeitsplätzen, die die E.G.O. in den späten 1940er Jahren in Oberderdingen hielt, waren entscheidend für die 1000 Arbeitsplätze, die in der ersten Hälfte der 1950er Jahre entstanden, die es erst ermöglichten, daß Heimatvertriebene und Flüchtlinge unterkommen, arbeiten und in Oberderdingen Wurzeln fassen konnten. Wichtig war in der Zeit nach dem Krieg, daß jemand mit Mut, Augenmaß und positiver Lebenseinstellung Häuser baute, in denen Menschen arbeiten konnten. ... Die Firma E.G.O. ist das Lebenswerk von Herrn Fischer. Er war Unternehmer; mir sagte er einmal ganz beiläufig: Der Gegensatz zu Unternehmer sei Unterlasser. Seine Arbeit in der E.G.O. faßte er als Hilfe für andere auf. Als Unternehmer bewies er großen Weitblick. Nicht der kurzfristige Erfolg war für ihn entscheidend, der Erfolg, der sich in Mark und Pfennig ausdrückt, sondern das längerfristige zuverlässige Versorgen des Marktes. Er war vertrauenswürdiger Partner, dessen Wort immer galt, auch ohne schriftliche Absicherung. Ohne diese Philosophie der Korrektheit wäre die E.G.O. nicht zu dieser Bedeutung gelangt, die sie heute hat. Die Bedeutung der E.G.O. für unsere Gemeinde liegt heute ganz wesentlich im Vorhalten von Arbeitsplätzen und Verdienstmöglichkeiten. Diese zu sichern bedeutet, am Markt sich erfolgreich zu bewähren. ... Als Unternehmer stellte sich Herr Fischer auch der sozialen Verantwortung für seine Mitarbeiter. Weit früher als andere Unternehmungen war bei der E.G.O. ein Sozialwerk eingerichtet. ... In der Gemeinde Oberderdingen war Karl Fischer Bürger unter Bürgern, ja ich möchte sagen, er war einer der bescheidensten unter uns. Nie machte er großes Aufsehen um seine Person, persönliche Ehrungen waren ihm fast zuwider. Der ganze Bereich Bretten ist in der Nachkriegszeit von der Weißen Industrie geprägt worden. Ein nicht geringer Teil davon war das Unternehmen unseres Ehrenbürgers. Mit einer glücklichen Hand und der Gunst der Umstände ist es nicht getan, die Erfolge der E.G.O. zu erklären: Es war harte Arbeit, Arbeit von allen. An der Spitze stand aber die Leistung von Herrn Fischer, der nur einen Teil dessen von Anderen verlangte, was er sich selbst täglich zumutete. Ein Mann der geradlinig dachte, den kompliziertesten Dingen so lange auf den Grund ging, bis sie für alle einfach wurden, für den es eine Kapitulation vor widrigen Umständen nicht gab. Herr Fischer war auch kurze Zeit auf dem Rathaus tätig, in den chaotischen Tagen nach der Kapitulation. Er

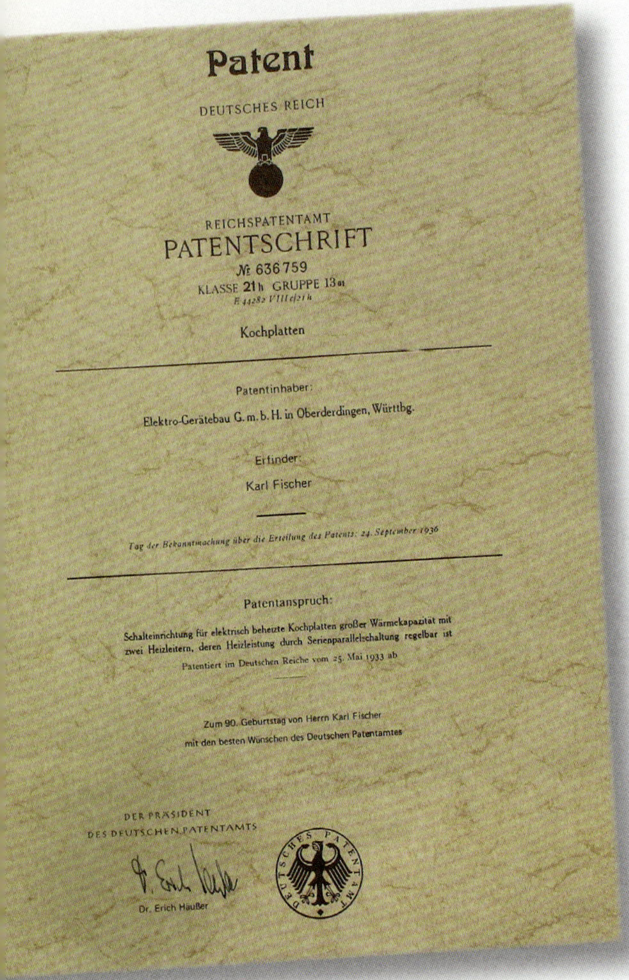
Patent

DEUTSCHES REICH

REICHSPATENTAMT

PATENTSCHRIFT

№ 636 759

KLASSE 21h GRUPPE 13

Kochplatten

Patentinhaber:

Elektro-Gerätebau G. m. b. H. in Oberderdingen, Württbg.

Erfinder:

Karl Fischer

Tag der Bekanntmachung über die Erteilung des Patents: 24. September 1936

Patentanspruch:

Schalteinrichtung für elektrisch beheizte Kochplatten großer Wärmekapazität mit zwei Heizleitern, deren Heizleistung durch Serienparallelschaltung regelbar ist

Patentiert im Deutschen Reiche vom 25. Mai 1933 ab

Zum 90. Geburtstag von Herrn Karl Fischer
mit den besten Wünschen des Deutschen Patentamtes

DER PRÄSIDENT
DES DEUTSCHEN PATENTAMTS

Dr. Erich Haußer

DEUTSCHES PATENTAMT

Über 150 Patente hat Karl Fischer seit 1924 erhalten.

konnte helfen, weil er von seinen Mitbürgern geschätzt und respektiert wurde. Diesen Respekt erwarb er sich schon in den schlimmen Tagen der Arbeitslosigkeit zu Beginn der 1930er Jahre, als Schlangen vor den Arbeitsämtern standen, Scharen von Arbeitssuchenden vor dem Fabriktor. Herr Fischer erzählte einmal, wie er gebeten wurde, jemanden einzustellen, damit derjenige nicht nach Hause müsse, um sich vor seiner Frau zu schämen, die meinen könne, er sei schlechter als der Nachbar, der bei der E.G.O. unterkam. Gewiß, die Verhältnisse waren damals in der Stadt noch schlimmer als auf dem Lande, aber es gehört dazu, sich auch dieser Zeit zu erinnern, um ermessen zu können, welchen Mut es bedurfte, welches felsenfeste Vertrauen in eine Idee, die sich durchsetzt, um 1931 mit 13 Mitarbeitern in Oberderdingen anzufangen. Man kann bei der Gründung der E.G.O. in Oberderdingen beileibe nicht von der Gunst der Stunde reden. 1931 war alles andere als wirtschaftsgünstig, es war tiefe Rezession, es war die Zeit der drückenden Wirtschaftskrise. Mut und Selbstvertrauen waren es, mit Leistungswillen, Weitsicht und Wirklichkeitssinn gepaart, auf die Herr Fischer sein Werk gründete, und mit diesen Tugenden führte er es zur Weltgeltung."[7]

Direktor Heinz Treffinger, enger Vertrauter des Verstorbenen, würdigte die Gesamtpersönlichkeit besonders eindringlich: „Karl Fischer war der Pionier der Elektrowärme. Er hat diesem Wirtschaftszweig mit revolutionären technischen Neuerungen seinen Stempel aufgedrückt und die

Entwicklung auf diesem Gebiet wesentlich beeinflußt. Zahlreiche Patente und Gebrauchsmuster, die erteilt wurden, legen ein Zeugnis von seinem schöpferischen Geist, seinem Ideenreichtum und seiner wegweisenden Entwicklungsarbeit ab. Als genialer Erfinder und Konstrukteur vereinigte er in sich nicht nur Intuition, sondern auch unendlichen Fleiß. Die mit diesem Fleiß erworbenen umfassenden Kenntnisse auf dem Gebiet der Elektrowärme, die weit über die von ihm entwickelten und hergestellten Bauteile hinausgingen, machten ihn zu einem unentbehrlichen Ratgeber für alle Abnehmer von E.G.O.-Erzeugnissen. Eiserne Disziplin, Willensstärke, Hartnäckigkeit und das unerbittliche Verfolgen selbstgesteckter Ziele machten ihn zum Vorbild für alle diejenigen, die mit ihm zu tun hatten. Einem Mann wie ihm, der sich selbst gegenüber rücksichtslos täglich und stündlich Leistung und Einsatz vorlebte, wurde auch widerspruchslos Leistung und Einsatz erbracht, wenn er sie verlangte. Je älter Karl Fischer wurde, desto deutlicher zeigte sich, wie bedingungslos Geist und Wille den schwächer gewordenen, durch verminderte Sehkraft beeinträchtigten Körper beherrschten. Fleiß und Disziplin allein hätten jedoch Karl Fischer nicht zu dem genialen Erfinder und Konstrukteur machen können. Seine intuitive Kraft jedoch, sein manchmal geradezu visionärer Einfallsreichtum, seine zukunftsweisenden Erfindungen und seine ganzheitliche Betrachtungsweise ließen ihn zum Ausgangs- und Mittelpunkt eines ganzen Industriezweiges werden. Dabei blieb er von der Tragik des Genies nicht verschont. Mit mancher seiner Erfindungen stieß er auf Unverständnis, weil seine Umgebung seinem vorauseilenden Geist nicht folgen konnte. Trotzdem war er nie der von seiner Unfehlbarkeit Überzeugte, Unbeirrbare. Im Gegenteil, er war ein dauernd suchender, ständig in Frage stellender, ein nie in Selbstzufriedenheit verfallender, für die Ideen anderer aufgeschlossener Mensch. Als Wirtschaftsführer verstand sich Karl Fischer stets als der erste Diener seines Unternehmens. Trotzdem, und gerade deswegen – und dies ist kein Widerspruch – war er für seine Mitarbeiter die Leitfigur, der Magnet, der alle in eine Richtung ausrichtete, der alle auf ein gemeinsames Ziel hin orientierte. Das Vakuum, das sein Tod hinterläßt, wird nicht durch Personen ausgefüllt werden können, sondern nur durch die Fortführung seiner Ideen. Dabei wäre es wahrlich nicht im Sinne von Karl Fischer, wenn man in einen falschen Konservatismus verfallen wollte. Für einen zukunftsorientierten, suchenden, fragenden Menschen wie Karl Fischer wäre konservatives Denken über dessen eigentlichen Sinn, Bewahrenswertes zu erhalten, hinaus unerträglich und falsch verstandene Pietät. Wir verbeugen uns in dieser Stunde des Gedenkens, der gemeinsamen Trauer, nicht nur vor dem genialen Erfinder und dem Wirtschaftsführer Karl Fischer, sondern vor allem auch vor dem Menschen. Sein klarer und integrer Charakter verlieh ihm eine selbstverständliche und natürliche Autorität, die es ihm gleichzeitig ermöglichte, Menschen zu führen und sie trotzdem Wärme spüren zu lassen. Führungsbefähigung und Wärme ließen in seiner Nähe Begeisterung, Stolz auf gemeinsame Leistungen und ein alles tragendes Gemeinschaftsgefühl entstehen. Mit diesen Eigenschaften ließ er Begabungen aus den eigenen Reihen wachsen. Wenn wir … Herrn Fischer gedenken, dann überwiegt trotz der Trauer, trotz des Schmerzes, den wir alle empfinden, das Gefühl der Dankbarkeit einem Manne gegenüber, der zu Lebzeiten so viel gegeben hatte und gegeben hat, dass wir auch in Zukunft darauf bauen und nicht zuletzt darin Trost finden können."[8]

Die herausragenden technischen Fähigkeiten und die unvorstellbar hohe Zahl von Patentanmeldungen – die erste datiert vom 6. Dezember 1924 – würdigte auch Dr. Erich Häußer, Präsident des Deutschen Patentamts, zwei Jahre zuvor anlässlich des 90. Geburtstages Fischers: „Sie haben in vorbildlicher Weise in einem ausgefüllten Erfinderleben gezeigt, daß den wirtschaftlichen Herausforderungen zu allen Zeiten nur durch den Einsatz technischer Kreativität begegnet werden kann. Von den 275 deutschen Erstanmeldungen führten 154 zu Patenten und zu 620 Auslandsanmeldungen. Diese Zahlen sind ein überzeugender Beweis Ihrer erfinderischen Kreativität; sie machen deutlich, daß die technische Entwicklung auf dem Gebiet der Anwendung von Elektrowärme in Haushalt und Gewerbe durch Sie ganz wesentlich beeinflußt wurde. Ich weiß, daß Ihre Mitarbeiter, die zum Teil seit vielen Jahrzehnten für Sie tätig sind, in Ihnen neben dem Unternehmer, der den Arbeitsplatz auch in Krisenzeiten sichert, vor allem den Menschen Karl Fischer sehen, der dem Wort „Arbeitskamerad" besondere Bedeutung beimißt. Sie haben sich um die Menschen im Arbeitsleben verdient gemacht, aber auch durch Ihren Ideenreichtum und Ihren schöpferischen Geist große Verdienste um den technischen Fortschritt unseres Landes im Bereich der Elektrotechnik erworben."[9]

Das gute Miteinander im Unternehmen brachten die Mitarbeiterinnen und Mitarbeiter aus dem gleichen Anlass zum Ausdruck: „Wir möchten ganz besonders die Gefühle ausdrücken, die in uns Ihnen gegenüber lebendig sind. Ein jeder weiß, wie ausschließlich Sie in Ihrem Leben die

Verantwortung übernommen und getragen haben für die Gestaltung des Unternehmens E.G.O. Sie haben in den 1920er Jahren sich die Aufgabe gestellt, in unserer Gesellschaft die Elektrowärme bekannt zu machen und ihre Anwendung im Haushalt und im gewerblichen Bereich einzuführen und zu verbreiten – bis zu dem heute für jeden selbstverständlich gewordenen Umfang. Dabei haben Sie, gewachsen in der elterlichen Familie und getragen von Ihrer eigenen Familie, die gewählte Lebensaufgabe immer selbst an erster Stelle und unermüdlich in die Tat umgesetzt. Mit dem Wachsen des Werks wußten Sie stets die Menschen zu finden, die Sie zu vertrauten Mitarbeitern machen und denen Sie Verantwortung übertragen konnten. … Bald wurden die nationalen Grenzen überschritten, und die E.G.O.-Gruppe ist in den vergangenen Jahrzehnten zu ihrem heutigen Umfang mit Niederlassungen in aller Welt gewachsen. … Es soll hier genannt werden, was Ihnen die innere Kraft für Ihr Schaffen und Wirken gibt: Ihre Beständigkeit und Ausdauer beim Verfolgen gestellter Aufgaben, Ihre Erfindungsgabe und unerschöpfliche Fähigkeit, sich veränderten Umständen anzupassen, Ihr Reichtum an Erfahrung, die Sie stets anzuwenden wissen, und nicht als Letztes sondern als Wichtigstes: Ihre Menschlichkeit im Umgang mit Geschäftspartnern und Ihre Menschenliebe zu Ihren Mitarbeitern im Unternehmen, die Sie diesen – den mit den Alltags-Verrichtungen Beschäftigten und denen, die Verantwortung tragen – täglich erweisen. Für diese, Ihre Charaktergröße, schulden wir alle Ihnen besonderen Dank."[10]

Die E.G.O. ist zweifellos das „Lebenswerk" von Karl Fischer, auch wenn die Rolle von Heinrich Blanc als gleichberechtigter Gesellschafter gerade in der Aufbauzeit nicht unterschätzt werden darf. Als sozialer Unternehmer mit hohen ethischen Grundsätzen sorgte sich Fischer nicht zuletzt um das Wohl seiner Mitarbeiter und führte schon früh soziale Leistungen ein. Seine Mitarbeiter waren für ihn keine abhängigen Arbeitskräfte, sondern – im Sprachgebrauch der damaligen Zeit – „Arbeitskameraden". Dadurch entstand ein großes Gemeinschaftsgefühl, wie es die Belegschaft selbst zum Ausdruck gebracht hat.

Bei allen Erfolgen, auf die er als Unternehmer zurückblicken konnte, blieb Karl Fischer persönlich bescheiden. Bei den Kunden und Lieferanten ebenso wie bei seinen Mitarbeitern genoss er hohes Ansehen und war durch seine natürliche Autorität und Ausstrahlung für viele Vorbild und Leitfigur.

HEINZ TREFFINGER – 70 JAHRE ENGAGEMENT FÜR DIE E.G.O.-UNTERNEHMENSGRUPPE

Mit 70 Dienstjahren im Unternehmen ist Heinz Treffinger eine Führungspersönlichkeit, wie sie wohl nur in Familienunternehmen vorkommen kann.
Geboren am 31. Januar 1923 in Oberderdingen, lernte er in der elterlichen Gastwirtschaft mit Metzgerei den gerade nach Oberderdingen umgezogenen Karl Fischer kennen. Fischer überzeugte ihn, „dass er bei ihm das Gleiche lernen könne wie im Studium".
Am 1. Juli 1938 trat Treffinger deshalb in die E.G.O. ein und absolvierte eine kaufmännische Ausbildung. 1950 übernahm er die Leitung des Vertriebs Inland, erhielt 1958 Prokura und wurde 1961 Geschäftsführer. 1968 wurde Heinz Treffinger zum Direktor ernannt und übernahm ein Jahr später den Vorsitz der Geschäftsführung der E.G.O. Verwaltungs-GmbH. Seit Gründung der E.G.O. Elektro-Geräte AG Ende 1969 war er Mitglied des Verwaltungsrates.
An der Seite Karl Fischers, dessen volles Vertrauen er besaß, war Heinz Treffinger maßgeblich am Aufbau der Auslandsgesellschaften beteiligt. Mitte der 1970er Jahre konnte er Karl Fischer überzeugen, zur Rettung der Arbeitsplätze die Mehrheit an der in eine Krise geratenen BLANCO und damit die unternehmerische Verantwortung zu übernehmen. Seit 1976 Mitglied des Verwaltungsrates der BLANCO und nach dem Tod von Heinz Blanc 1978 dessen Vorsitzender, wurde er 2007 nach über 30jährigem Engagement zum Ehrenvorsitzenden des Verwaltungsrates ernannt.
Mit Erreichen des 65. Lebensjahres am 31. Januar 1988 wechselte Heinz Treffinger aus der aktiven Geschäftsführung in den Verwaltungsrat der deutschen E.G.O.-Gruppe, deren Vorsitz er übernahm und bis Mitte 2007 innehatte. Auch in diesem Gremium wurde er zum Ehrenvorsitzenden ernannt.
Aufgrund seiner Verdienste erhielt Heinz Treffinger zahllose hohe nationale und internationale Auszeichnungen: das Bundesverdienstkreuz, die Staufer-Medaille des Landes Baden-Württemberg, die Ehrenbürgerwürde seiner Heimatgemeinde Oberderdingen sowie höchste Auszeichnungen in Kroatien, Slowenien oder Österreich.
Seine knapp bemessene Freizeit widmete er der Familie und seinem Garten. Wen wundert es da, dass sogar eine Rosenzüchtung nach ihm benannt worden ist.

Von der Gusskochplatte zum Induktions-Kochfeld

E.G.O. baute in den 1980er und 1990er Jahren ihr globales Engagement immer weiter aus. So kamen zu den bereits bestehenden ausländischen Produktionsstätten weitere hinzu: E.G.O. Iberica in Castro Urdiales, Spanien (1980), die E.G.O. Australia Pty. Ltd. Melbourne/Australien (1984), die E.G.O. Elektrikli Aletler Sanayi A.S. in der Türkei (1989), die E.G.O. Electrical Components Co. Ltd. in Shanghai/China (1998) und schließlich die E.G.O. Commercial Electronics AG in St. Gallen/Schweiz (1999). 2004 wurde E.G.O. Polska in Lodz/Polen und 2008 E.G.O. Components Electronicos S.A. de C.V. in Queretaro/Mexiko gegründet.

In Deutschland kam es Mitte der 1980er Jahre zur Stilllegung der Werke in Sternenfels (1984) und Silberg (1986). In den 1990er Jahren mussten die Werke in Weiler, Eichtersheim und Wiesental geschlossen werden. 1989 bekam die E.G.O.-Gruppe ein neues Mitglied: die Techno-Physik Engineering GmbH (Dämmstoffprodukte); 1998 ein weiteres, nämlich die E.G.O. Control Systems GmbH in Balingen mit ihrem Tochterunternehmen Remco S.L. in Barcelona/Spanien.

1983 brachte das Unternehmen das EGOTHERM Heiz- und Steuersystem auf den Markt und entwickelte 1985 Dickschichtbeheizungen, wie sie beispielsweise in Spülmaschinen verwendet werden.

Bis in die 1970er Jahre waren Gusskochplatten mit Überfallrand das technische Kernstück des Elektroherdes. Gerade auf diesem Gebiet hat Karl Fischer wesentliche Pionierarbeit geleistet. Doch mit Beginn der 1980er Jahre gewannen Glaskeramik-Kochflächen immer mehr an Bedeutung. Die E.G.O. schloss sich diesem Trend rasch an und entwickelte die sogenannten HiLight-Heizkörper, die schon bald zum internationalen Standard für Glaskeramik-Kochflächen werden sollten. Karl Fischer hat auch bei dieser neuen Technologie in Zusammenarbeit mit den Lieferfirmen der Glaskeramik wesentliche Entwicklungsarbeit geleistet. Seit 1994 gibt es von E.G.O. die sogenannte Touch Control, eine elektronische Steuerung auf der Grundlage der Sensortechnologie, für Glaskeramik-Kochflächen. Eine Weiterentwicklung dieser Technik stellt die sogenannte Twist-Steuerung dar.

Doch schon bald kündigte sich eine neue Technologie an: das Kochen mit Induktion – ein heute schnell wachsender Markt.

Innovation als „treibende Kraft"

Die Produktpalette der E.G.O. hat sich auf der Grundlage neuer Technologien ständig verändert und erweitert. Das Unternehmen bietet Komponenten und Systeme für die Bereiche Kochen, Backen, Waschen, Trocknen, Spülen – sowohl für Haushalt als auch für Gewerbe.

Bereits Firmengründer Karl Fischer hat großen Wert auf die Anwendungsentwicklungen, heute Applikationen genannt, gelegt. „Heizen, Steuern, Regeln – alles aus einer Hand", so lautete ein früherer Werbespruch. Zu jedem Heiz- oder Kochelement wurde eine darauf abgestimmte Steuerung angeboten. Fischer war stets bemüht, der Hausfrau die Arbeit im Haushalt zu erleichtern. In dieser Tradition stehen auch die aktuellen Unternehmensleitlinien: „Ohne Innovation kein technischer Fortschritt. Ohne technischen Fortschritt keine Weiterentwicklung. Ohne Weiterentwicklung kein Wachstum. Innovationen auf den verschiedensten Gebieten sind die Triebkraft unseres Unternehmens."

Gerade in einer globalisierten Wirtschaft, die durch ständigen Wandel geprägt ist, sind Flexibilität und Kreativität unerlässlich, um eine einmal

Bestückungsautomat für elektronische Bauteile

erreichte führende Position nicht zu verlieren. Dabei dienen die Wünsche und Bedürfnisse der Kunden als Richtschnur.

Neuentwicklungen in allen Geschäftsbereichen

Das Produktionsprogramm der E.G.O. gliedert sich heute schwerpunkmäßig in drei Bereiche:

- HOT – Kochen, Backen und Dunst-Absaugen für Haushalt und Gewerbe
- WET – Waschen, Trocknen, Spülen und Kühlen für Haushalt und Gewerbe
- PLUS – Weitere Anwendungen, u.a. für die Automobilindustrie

Seit Gründung des Unternehmens fertigt E.G.O. Kochplatten für das elektrische Kochen. In den über 75 Jahren seit Gründung des Unternehmens wurden hiervon ca. 500 Millionen Stück verkauft. Heute dominieren in den industriell entwickelten Ländern Glaskeramik-Kochfelder mit Strahlungsheizkörpern den Markt, wobei mehr als 80 Prozent aller weltweit verkauften Strahlungsheizkörper auf der E.G.O.-Technologie

E.G.O.-Mitarbeiterin in Shanghai

Gießerei in Çorlu/Türkei

basieren. Die Beheizung der Backöfen erfolgt überwiegend mit Rohrheizkörpern, die E.G.O. ebenfalls im Sortiment führt.

Das neueste Verfahren, mit dem sich E.G.O. beschäftigt, ist das Kochen mit Induktion. Die Vorteile liegen hier in einer sehr guten energetischen Bilanz, da die Wärme zum Kochen direkt im Topfboden erzeugt wird und die Glaskochfläche selbst kalt bleibt.

Eine weitere Technologie, die bei E.G.O. zur Wärmeerzeugung genutzt wird, ist die sogenannte Dickschichtheizung. Dieses Verfahren wird besonders zur schnellen Erwärmung von Wasser in Durchlauferhitzern, etwa bei Geschirrspülern, verwendet. Auf einem geeigneten Träger aus Metall oder Keramik werden elektrisch leitende Pastenmaterialien im Wechsel mit Isolationen aufgetragen und eingebrannt. Die Vorteile dieses Produktes liegen in der geringen Masse des Heizleiters, der damit verbundenen sehr schnellen Regelbarkeit und in der hohen thermischen Leistungsdichte.

Neben den verschiedenen Heizsystemen bietet E.G.O. seinen Kunden auch Steuer- und Regelgeräte bzw. Komponenten und Systeme für die

Schalterfertigung in Staufen/Schweiz

verschiedensten Einsatzfelder. Beginnend mit den klassischen Schaltern für Mulden oder Backöfen stellt das Unternehmen auch Energieregler her, die zur zeitlichen Steuerung der Strahlheizkörper Verwendung finden. Um die Temperatur bei den verschiedensten Anwendungen regeln zu können, verfügt E.G.O. über ein breites Sortiment von Thermostaten.

Höherwertige Aufgaben übernehmen verschiedenste elektronische Steuerungen. Zur Anzeige von Betriebszuständen finden hier entweder einfache Leuchtdioden Verwendung oder es kommen LCD- und VFD-Anzeigen zum Einsatz. Neuere Technologien sind bereits in der Erprobung.

Die Eingabe der Informationen erfolgt durch Tasten, mit Drehknebeln (Codeschalter oder Twist Control) oder mittels Touch-Sensoren. Als neuestes Produkt der E.G.O. kann hier die Slider-Eingabe genannt werden. Auch auf diesem Gebiet wird bereits an einer neuen Generation gearbeitet.

Ergänzt wird das breit gefächerte Produktportfolio durch mehrere Montagesysteme, die E.G.O. für seine Kunden fertigt. So werden für Waschmaschinen, Wäschetrockner und Backöfen jeweils die Bedienblenden

Produktion von Induktionskochfeldern in Oberderdingen

bearbeitet, mit der Elektronik und anderen Komponenten vervollständigt, geprüft und ausgeliefert.

Bei den gewerblichen Anwendungen reicht das Sortiment der E.G.O. von Großkochplatten über Profi-Induktion bis hin zu elektronischen Steuerungen für Großwaschmaschinen und -trockner.

Neben den Anwendungen auf den Gebieten HOT und WET zählt die E.G.O. auch Vertreter anderer Industriezweige zu ihren Kunden. Hierzu zählen die Automobil- und die chemische Industrie, die Hersteller von Getränkeautomaten und Saunen, von Kompressoren und Motorsteuerungen, von Bordküchen in Flugzeugen und vieles mehr. Diese Geschäfte werden unter dem Begriff PLUS zusammengefasst und generieren einen nicht unerheblichen Anteil am Firmenumsatz.

Die Flexibilität der E.G.O. in der dynamischen Verlagerung des Schwerpunktes innerhalb der Bereiche HOT, WET und PLUS war schon immer eine der Stärken des Unternehmens und wird dies auch in Zukunft bleiben. Das langfristige Denken bei Investitionen und Entwicklungen kann als strategischer unternehmerischer Vorteil ebenfalls nicht überbewertet werden.

Sternrohre für Kühlzwecke

E.G.O. als Vorreiter ethischen Handelns

Im Jahre 2005 erhielt die E.G.O. für ihr herausragendes ökologisches und soziales Engagement das Gütesiegel ETHICS IN BUSINESS.[11] Die Preisverleihung fand am 2. November 2005 in Berlin statt: Schirmherr Ulrich Wickert überreichte Geschäftsführer Dr. Dieter Moser und Personalleiter Axel Schuster die bedeutende Auszeichnung. In dem bundesweiten Wettbewerb war untersucht worden, inwieweit ein Unternehmen in Verantwortung für Mensch und Umwelt handelt, weltweit Mitspracherechte und Chancengleichheit am Arbeitsplatz gewährleistet sowie ressourcenschonend und nachhaltig produziert. Mit diesem Zertifikat wird auch bestätigt, dass bei der E.G.O. die Unternehmens- und Umweltleitlinien nicht nur auf dem Papier stehen: Für die Unternehmensgruppe gehören wirtschaftlicher Erfolg sowie Verantwortung für Mensch und Umwelt untrennbar zusammen. Dies bestätigen auch weitere Auszeichnungen, wie beim bundesweiten Wettbewerb „Top-Arbeitgeber des Jahres".

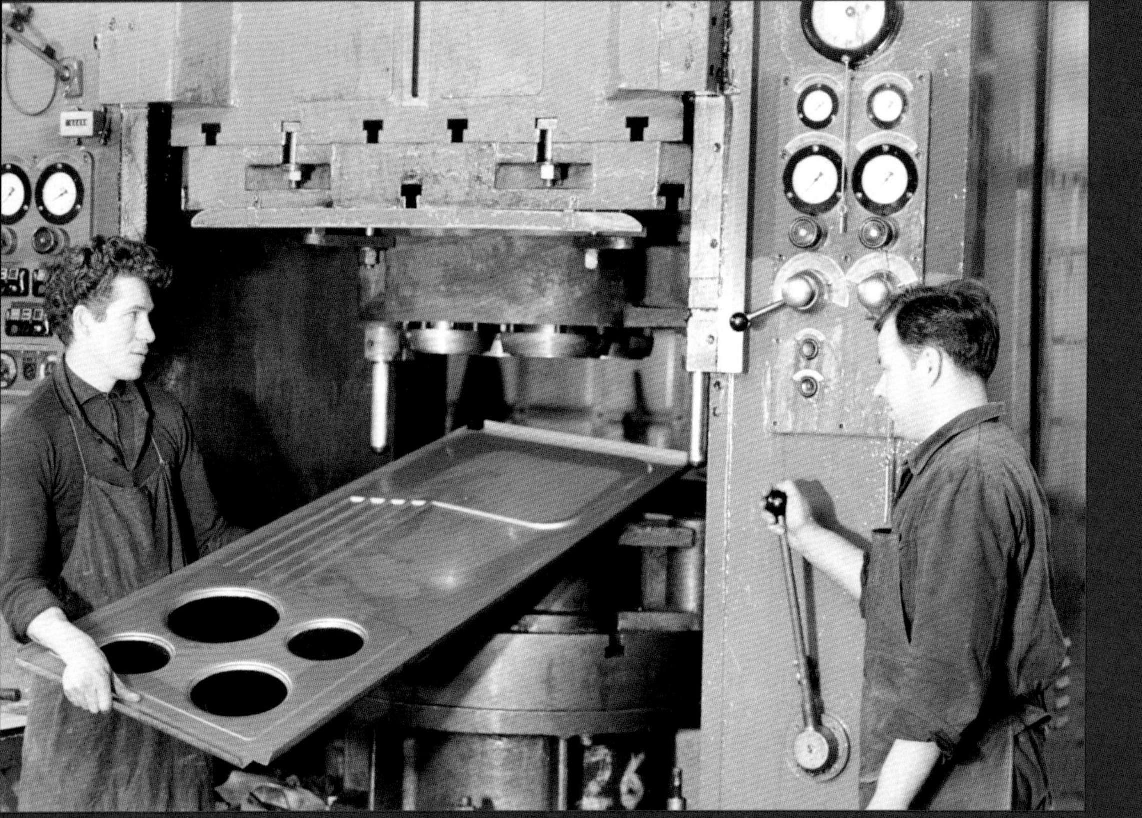

Prägen der Abdeckung einer Herdspültischkombination, 1960er Jahre

6. BLANCO – Vom Neuanfang 1945 bis in das 3. Jahrtausend

Langwieriges „Entnazifizierungsverfahren“ gegen Heinrich Blanc

Nach Kriegsende stand Heinrich Blanc vor einer ungewissen persönlichen wie beruflichen Zukunft. Vom 18. Oktober 1945 bis zum 24. Dezember 1946 befand er sich in einem politischen Internierungslager.[1] Man denunzierte ihn, während des Dritten Reiches ein aktiver Nazi gewesen zu sein, und warf ihm vor, er habe in seinem Unternehmen Zwangsarbeiter beschäftigt. Nach Auskunft seines engen Freundes Otto Maier hatten beide 1933 jedoch nicht die NSDAP, sondern das Zentrum gewählt.

Im Mai 1934 wurde Blanc zwar Mitglied der NSDAP. Jedoch geschah dies nicht auf seine Initiative hin, wie er während des Entnazifizierungsverfahrens versicherte. Ohne einen entsprechenden Antrag gestellt zu haben, wurde er in die Partei aufgenommen und lediglich im Nachhinein darüber informiert. Zudem war Blanc im Dritten Reich zwar Mitglied in diversen NS-Organisationen – „Kraft durch Freude“, „NS-Volkswohlfahrt“ (NSV), „NS-Reichsbund für Leibesübungen“, „Deutsche Arbeitsfront“ (DAF) –, allerdings ohne jemals irgendein Amt in einer dieser Organisationen zu bekleiden.

Über die reine Mitgliedschaft hinaus hat sich Blanc also weder in der NSDAP noch in einer deren Unterorganisationen aktiv engagiert. Er stand als Abkömmling der Waldenser zu stark in der Tradition dieser evangelischen Kirche, um der nationalsozialistischen Ideologie zu verfallen. Dagegen war es für Unternehmensführer wie Blanc unumgänglich, Beziehungen zu örtlichen bzw. regionalen Größen der NSDAP zu unterhalten, wollte man den Bestand des eigenen Betriebes nicht aufs Spiel setzen.

Während des Krieges musste BLANCO, wie die E.G.O. und viele andere Unternehmen auch, zwangsweise Rüstungsaufträge des NS-Regimes übernehmen. Den aberwitzigen Kriegszielen der Nationalsozialisten musste sich die gesamte deutsche Wirtschaft unterordnen. Ein weiteres Problem kam hinzu: Da mit zunehmender Kriegsdauer immer mehr deutsche Männer zum Militärdienst eingezogen wurden, herrschte großer Mangel an einheimischen Arbeitskräften. Blanc sah sich daher – wiederum wie viele andere Betriebe in Deutschland – gezwungen, Kriegsgefangene zu beschäftigen. Wie wir aus mehreren Zeugenaussagen wissen, tat er allerdings sein Möglichstes, damit die Zwangsarbeiter unter den Umständen entsprechend guten Bedingungen arbeiten konnten. Bezeichnend ist, dass sich deutsche Mitarbeiter sogar über die Gleichbehandlung der Kriegsgefangenen beschwert haben.

Die „Spruchkammer" in Vaihingen (Enz) stufte Heinrich Blanc schließlich am 13. April 1948 lediglich als „Mitläufer" ein – aufgrund seiner Parteizugehörigkeit. Durch dieses Urteil wurde Blanc von der Anschuldigung, ein aktiver Nazi gewesen zu sein, entlastet.[2]

Das Unternehmen nach 1945

Trotz der Internierung von Heinrich Blanc konnte im Oktober 1945 die Produktion bei BLANCO wieder aufgenommen werden.[3] Als gemeinsamen Treuhänder für BLANCO und E.G.O. setzten die Amerikaner Henry Ehrenberg ein – eine Entscheidung, die sich als Glücksfall für beide Firmen erweisen sollte. Ehrenberg unterhielt beste Beziehungen zu den Alliierten. Unter anderem konnte er eine erhebliche Reduzierung der Kriegslasten erreichen, wodurch der Neuanfang wesentlich erleichtert worden ist. Es herrschte in der unmittelbaren Nachkriegszeit unvorstellbarer Materialmangel. Bis 1948 wurden die Rohstoffe und sonstigen Materialien von den Besatzungsmächten rationiert. BLANCO kam dabei zugute, dass man die amerikanische Armee schon früh als Kunden gewinnen konnte.

Zu den ersten Produkten nach 1945 gehörten Milchkannen.

So begann das Unternehmen noch im Jahre 1945 mit der Fertigung von Geräten für

Oberflächenbearbeitung von Großkochkesseln

die Milchwirtschaft, insbesondere Milchtransportkannen aus „Anticorodal". 1947 wurden Metzgereiartikel in das Produktionsprogramm aufgenommen. Der große Nachholbedarf in der Wirtschaft und die Stabilisierung der Währung durch die Währungsreform 1948 führten sehr bald zu einem raschen Anstieg der Produktion bei BLANCO, zumal nach und nach viele ehemalige Mitarbeiter aus der Kriegsgefangenschaft zurückkehrten. Sichtbares Zeichen des Aufschwungs war der Bau des Sulzfelder Werkes im Jahre 1948.

Exportmesse in Hannover

Im gleichen Jahr fand in Hannover die erste Exportmesse nach dem Kriege statt. BLANCO war als Aussteller mit dabei.[4] Der für den Vertrieb verantwortliche Oswald Treffinger erhielt von Heinrich Blanc den Auftrag, den Messeauftritt zu organisieren, was sich als gar nicht so einfach herausstellte. Treffinger erinnert sich: „Ich kam in Hannover nach langer Zugfahrt an und unser Ausstellungsplatz erwies sich als nackte Fläche mit Kohlenasche. Ich musste erst einmal alles für den Stand organisieren und dabei kräftig improvisieren. Dazu mussten Handwerker vor Ort beauftragt werden und beim Aufbau helfen, während die Messe bereits lief. Nach zwei Tagen stand unser Stand – und für die nächsten zwei Wochen schrieben wir gute

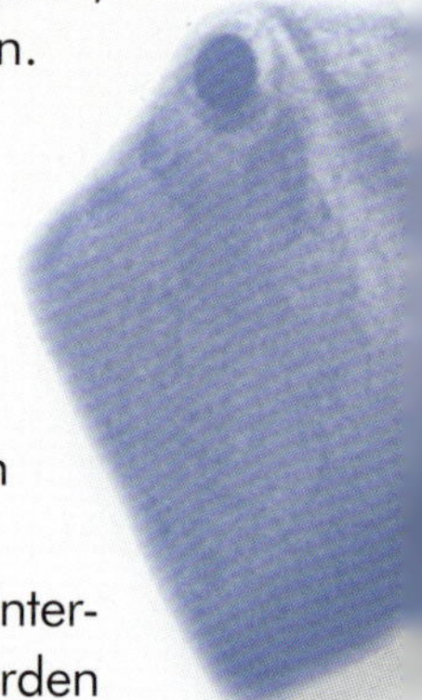

Aufträge."[5] Die Produkte, die man dem Publikum präsentierte, waren Herdwasserschiffe, Wärmflaschen, Wasserkessel, Milchkannen und Fleischereigeräte. Heinrich Blanc scheint mit der Arbeit Treffingers sehr zufrieden gewesen zu sein: „Unser Chef besuchte mich und lud mich als Anerkennung abends zu einem Theaterbesuch ein."[6] Auch in den kommenden Jahren nutzte das Unternehmen die großen Messen als Plattform, um seine Produkte zu präsentieren und neue Kunden zu gewinnen.

Die Edelstahlspüle bringt den Durchbruch

Im Jubiläumsheft zum 75jährigen Bestehen der Firma BLANCO ist zu lesen: „In den 50er Jahren erkannte BLANCO als einer der ersten die Chancen und Vorzüge der Verarbeitung von rostfreiem Stahl. Mit dem Beginn der Fertigung von Spültischen aus ‚Edelstahl rostfrei' schlägt die eigentliche Sternstunde des Unternehmens."[7] Das war im Jahre 1952. Auf der Messe in Köln wurden der Öffentlichkeit erstmals BLANCO-Spülen aus Edelstahl präsentiert, aber selbst der visionäre Heinrich Blanc dürfte damals kaum geahnt haben, welche Erfolgsgeschichte mit dieser Präsentation beginnen sollte. Egon Stiefel, von frühester Jugend an Mitarbeiter der BLANCO, hat es in der erwähnten Festschrift ganz treffend formuliert: „Edelstahl erwies sich als ideales Material für viele Bedarfsfälle … BLANCO hatte auf das richtige Pferd gesetzt und wuchs unablässig."[8] Edelstahl, genauer gesagt Chromnickelstahl 18/8 oder auch Nirosta genannt, weist viele vorteilhafte Eigenschaften auf: Er ist nicht nur rostfrei, sondern auch säurebeständig, nahezu unverwüstlich und – was in der Küche besonders geschätzt wird – sehr hygienisch. BLANCO nutzte den Werkstoff zunächst überwiegend für die Herstellung von Spülen. So verließen bereits 1954 rund 4000 Haushaltsspülen die Fertigungshallen.

Aber auch die Entwicklung in anderen Produktionsbereichen wurde im Laufe der Jahre ständig vorangetrieben. 1950 nahm BLANCO die Produktion von Geräten für die Großküchenindustrie auf. Seit 1952 wurden Propangasflaschen produziert. 1956 erweiterte man das Edelstahl-Programm für die Großküche durch Behälter für die Speisenverteilung. Schon früh zeichneten sich also die heutigen Produktionsbereiche ab. Edelstahl galt als modern und „schick" und so konnte es nicht ausbleiben, dass auch die Architekten diesen Werkstoff für die Fassaden-

Spülenfertigung in Sulzfeld, 1950er Jahre

gestaltung entdeckten. BLANCO erkannte diesen Trend und stieg auch in dieses Fertigungssegment ein. Besonders werbewirksam für das Unternehmen war die Verkleidung des Thyssen-Hochhauses in Düsseldorf aus Edelstahl-Profilbahnen im Jahr 1958. Auch Edelstahlhüllen für Waggons wurden zeitweise produziert.

BLANCO setzte also früh auf eine gewisse Diversifizierung der Produktion, aber die atemberaubende Entwicklung bei den Spülen überragte alles. 1959 erreichte BLANCO eine Jahresproduktion von 101 000 Spülen aus Edelstahl. Das Unternehmen beschäftigte mittlerweile über 500 Mitarbeiter, 1949 waren es noch 300.

Zweigwerk Sulzfeld

1948, wenige Jahre nach Kriegsende, errichtete BLANCO ein Zweigwerk in Sulzfeld.[9] Anfangs produzierte man in einer Baracke Aluminium-Herdwasserschiffe. Doch bereits nach einem Jahr wurde die Produktion auf die klassischen Kupfer-Herdwasserschiffe umgestellt. Nachdem tragischerweise „in der Nacht vom 4. auf 5. Mai 1950 … die Baracke vollständig (nieder)brannte"[10], baute man ca. 100 m entfernt eine neue, nun aber massive Halle zur Herstellung von Propangasflaschen. Architekt war übrigens der bekannte Prof. Decker, der auch in der Stuttgarter Weißenhofsiedlung ein Haus baute. Als die Nachfrage nach Spülen in den 1950er Jahren immer größer wurde, begann BLANCO im Jahre 1954 auch in Sulzfeld mit der Fertigung von Edelstahl-Spültischen.

DER FRÜHE TOD DES FIRMENGRÜNDERS HEINRICH BLANC

Die 1960er Jahre begannen für BLANCO und E.G.O. mit einer Schreckensnachricht: Der Firmengründer Heinrich Blanc starb nach längerer Krankheit am 8. April 1960 im Alter von nur 63 Jahren. Er hatte die BLANCO aus kleinsten Anfängen zu einem Marktführer für Haushaltsspülen entwickelt und die E.G.O. an der Seite Karl Fischers zu einem international erfolgreichen Unternehmen geführt.
Folgen wir der Ortschronik von Oberderdingen, in der wir über die Beisetzung des eng mit seiner Heimatgemeinde verbundenen Ehrenbürgers lesen:
„Sein Begräbnis wurde zu einer ergreifenden Manifestation der Verehrung und des Dankes für den in vieler Beziehung außergewöhnlichen Mann. Die Gemeinde trauerte um ihren Ehrenbürger, dessen staunenswerter Energie und großem Weitblick sie ihren raschen Aufstieg verdankt, die evangelische Kirche um den gläubigen Nachfahren der Waldenser, sowie um ihren Förderer und Helfer, dem es vergönnt war, zum Segen seiner Mitmenschen mächtige Werke zu tun", wobei insbesondere auf sein soziales Engagement für die Mitarbeiter ebenso wie für die Gemeinde hingewiesen wurde.[11]
Karl Fischer erinnerte in seiner Traueransprache an die 30jährige enge Zusammenarbeit mit dem Verstorbenen, die durch „grenzenloses gegenseitiges Vertrauen" geprägt gewesen sei. Dies zeige sich schon daran, dass ihm Heinrich Blanc völlige Handlungsfreiheit bei der Entwicklung der E.G.O. gelassen habe. Das gemeinsame Werk müsse nun im Sinne Blancs weitergeführt werden. Vertreter der Belegschaften von BLANCO und E.G.O. betonten das gute Miteinander ebenso wie die soziale Verantwortung Heinrich Blancs, der trotz der enorm gestiegenen Beschäftigtenzahlen immer wieder das persönliche Gespräch mit seinen Mitarbeitern gesucht habe.
Betriebsleiter Ernst Metzger ging auf die fast atemberaubende Entwicklung der beiden Unternehmen seit ihrer Gründung 1925 bzw. 1931 ein und sah in zwei herausragenden Eigenschaften von Heinrich Blanc wesentliche Gründe für diesen Erfolg: „Es sind dies der sichere Instinkt, die Bedürfnisse des Marktes zu erkennen und die eiserne Energie, das einmal Begonnene und als richtig Erkannte durchzuführen." Nicht der Erfolg als solcher sei ihm Antrieb gewesen, sondern die Erfordernisse des Marktes und die Zufriedenheit der Kunden. Um diese Ziele zu erreichen, habe er auch von seinen Mitarbeitern – „oft in temperamentvoller Weise" – hohe Leistungen verlangt.[12]
Nach der Gedenkstunde, die auf eigenen Wunsch Heinrich Blancs in einer Werkshalle von BLANCO abgehalten wurde, setzte sich der Trauerzug zum Friedhof in Bewegung. Hierzu lesen wir in einem Zeitungs-

bericht: „Die Liebe und Verehrung aller Mitarbeiter sowie der Dorfgemeinschaft kam nochmals dadurch zum Ausdruck, dass vom Werksgelände bis zum Friedhof links und rechts der Straße entlang ein dichtes Spalier gebildet war. Bei der Beisetzung auf dem Friedhof, der die vielen Trauergäste nicht aufnehmen konnte, nahm die Bevölkerung von ihrem Ehrenbürger Abschied."[13] Bürgermeister Pfister würdigte am Grabe die Pionierleistung Heinrich Blancs, die Oberderdingen zu ungeahntem wirtschaftlichen Aufschwung verholfen habe ebenso wie das ehrenamtliche, kirchliche und soziale Engagement des Verstorbenen. In einem ausführlichen Nachruf würdigte auch die Mitarbeiterzeitschrift der E.G.O., „Du und der Betrieb", in der Sprache der Zeit das Leben und Wirken Heinrich Blancs: „Tausende waren gekommen, um dem Heimgegangenen das letzte Geleit zu geben. Sie waren gekommen aus nah und fern, um ihre Liebe und Treue zu dem Freund, zu dem Kameraden, zu dem Chef Heinrich Blanc, kundzutun. Zahlreich waren die mit feierlichem Gesang und erhebender Musik umrahmten Ansprachen, durch die in ergreifender Form das Lebenswerk des Verstorbenen würdige Ehrung fand und zum Ausdruck kam, wie sehr sich die gesamte Trauergemeinde mit der Familie Blanc im gemeinsamen Leid verbunden fühlt."[14] Nach dem Tod von Heinrich Blanc übernahm dessen Sohn Heinz die Leitung der BLANCO.

DU und der Betrieb
E.G.O.
FÜR ALLE ANGEHÖRIGEN UNSERES WERKES

29. April 1960

Uns bleibt die Trauer!

Doch:
„Wer immer strebend sich bemüht,
den können wir erlösen.
Und hat an ihm die Liebe gar
von oben teilgenommen,
begegnet ihm die sel'ge Schar
mit herzlichem Willkommen."
(Aus Goethes Faust)

Am 12. April 1960 mußten wir für immer Abschied nehmen von unserem sehr verehrten

Herrn Heinrich Blanc

Tausende waren gekommen, um dem Heimgegangenen das letzte Geleit zu geben. Sie waren gekommen aus nah und fern, um ihre Liebe und Treue zu dem Freund, zu dem Kameraden, zu dem Chef Heinrich Blanc, kundzutun.

Zahlreich waren die mit feierlichem Gesang und erhebender Musik umrahmten Ansprachen, durch die in ergreifender Form das Lebenswerk des Verstorbenen würdige Ehrung fand und zum Ausdruck kam, wie sehr sich die gesamte Trauergemeinde mit der Familie Blanc in gemeinsamen Leid verbunden fühlt.

„40 JAHRE BLANCO" – EINE JUBILÄUMSFEIER AUF DEM KILLESBERG IN DEN 1960ER JAHREN

Wir blicken in eine Ausgabe der Mitarbeiterzeitschrift „BLANCO-Presse" aus dem Jahr 1965, um zu erfahren, wie eine Betriebsfeier in jener Zeit abgelaufen ist:
„Die zahlreich eingesetzten Zubringerbusse brachten die Mitarbeiter der BLANCO-Werke mit ihren Angehörigen aus dem großen Einzugsgebiet zu den Sonderzügen nach Stuttgart. Nach der Ankunft hier konnten die fast 2000 Jubiläumsgäste schnell mit der Straßenbahn zum Killesberg befördert werden. Beim Eintreffen auf dem Killesberg brach die Sonne durch die Wolken, so daß den Verantwortlichen ein Stein vom Herzen fiel, denn damit stand der Nachmittag der Besichtigung der Parkanlagen bei angenehmen Wetter zur Verfügung."[15] Der Artikel trägt die Überschrift: „Gelungene Jubiläumsfeier auf dem Killesberg". Am 9. Juli 1965 feierte hier die gesamte Belegschaft „40 Jahre BLANCO". Nachdem die Gäste nach ihrer Ankunft auf dem Killesberg zunächst einmal die Gelegenheit hatten, sich die dortigen Parkanlagen anzuschauen, begaben sie sich in die festlich geschmückte Halle. An der Feier nahmen neben den BLANCO-Mitarbeitern und ihren Angehörigen auch „zahlreiche Vertreter aus Staat und Industrie"[16] teil.
Zur Begrüßung sprach Heinz Blanc, Sohn des Firmengründers Heinrich Blanc und nach dessen Tod am 8. April 1960 auch dessen Nachfolger,. In seiner Rede schilderte er die Geschichte und überaus erfolgreiche Entwicklung des Familienunternehmens. Nach musikalischen Darbietungen durch international bekannte Künstler, wie Erika Köth, Fritz Wunderlich oder auch Gottlob Frick, wurden die treuen Mitarbeiterinnnen und Mitarbeiter für 40 bzw. 25 Jahre Firmenzugehörigkeit geehrt. Es folgten die Grußworte einiger Gäste aus Politik und Wirtschaft, unter ihnen die Landräte Dr. Kuhnle und Dr. Herrmann sowie der Bürgermeister Oberderdingens, Pfister. Letzter in der Reihe der Gratulanten war „Herr Fischer von der Firma EGO. Er drückte die Hoffnung aus, daß auch in Zukunft zwischen den beiden Firmen, die aus dem gleichen Boden kämen, ein so gutes Einvernehmen wie bisher herrschen möge."[17]
Nach Beendigung dieses offiziellen Teils der Jubiläumsfeier wurde den Gästen das Abendessen serviert. Hierzu heißt es im Artikel: „Beim Abendessen zeigte sich leider, daß die Anzahl der Bedienungen nicht ausreichte, um ein Essen mit vier Gängen termingerecht über die Tische zu bringen. Auch die Versorgung mit Getränken klappte nicht reibungslos. Eine Tatsache, die leider einen bitteren Tropfen in die sonst reibungslos funktionierende Organisation brachte."[18]

„40 Jahre BLANCO". An der Jubiläumsfeier mit Ehrungen nahmen auch Kammersängerin Erika Köth (re.) und Kammersänger Fritz Wunderlich (2.v.r.) teil.

Wir zitieren diese Stelle nicht aus Schadenfreude, weil der Caterer, wie wir heute sagen würden, mit der großen Zahl von Teilnehmern offensichtlich überfordert war. Sie belegt aber, mit welch hohem Aufwand (4-Gänge-Menü!) BLANCO das keineswegs runde Betriebsjubiläum vorbereitet und gefeiert hat. Die Verbundenheit mit den Mitarbeitern kommt darin ebenso zum Ausdruck wie der berichtigte Stolz auf das, was gerade in der Nachkriegszeit gemeinsam erreicht worden ist. Nach weiteren künstlerischen Beiträgen endete das Fest gegen Mitternacht und die stattliche Gruppe trat mit Sonderzügen den Heimweg an.
Wie vorausschauend die Feier war, zeigte das Jahr 1975: Aufgrund der Firmenkrise konnte das 50jährige Bestehen nicht mit einer Jubiläumsveranstaltung gefeiert werden.

Ein überaus erfolgreiches Jahrzehnt

Die 1960er Jahre waren für BLANCO ein wirtschaftlich äußerst erfolgreiches Jahrzehnt. Die Produktion stieg stetig und die Produktpalette wurde permanent erweitert. So stellte das Unternehmen 1961 erstmals „Medizinische Badewannen" her und begründete damit die medizinische Sparte. Weitere Produkte wie Milchhofbehälter aus der Aluminiumlegierung „Anticorodal", Spülen für Wohnwagen, Licht- und Fahnenmasten oder staubfreie Arbeitsschränke („Clean-Air-Box") wurden im Laufe der Jahre in das Fertigungsprogramm aufgenommen. Auch in der Architektur waren BLANCO-Fassaden- und Verkleidungselemente nach dem PR-Erfolg des Thyssen-Hochhauses sehr gefragt. So boten Edelstahl-Wandplatten auch in der Innenarchitektur vielerlei Gestaltungsmöglichkeiten. Sie waren sogar bei einem James Bond-Film als Innenausstattung eines Aufzuges zu sehen.

Die insgesamt stark steigende Produktion machte die Errichtung weiterer Fertigungsstätten notwendig. So entstanden neue Werke in Michelfeld (1961) und Kronau (1962) und bestehende Betriebe wurden durch den Bau neuer Produktionshallen erweitert (1968 Sulzfeld; 1969 Kronau). Parallel dazu hat BLANCO auch das Vertriebsnetz immer weiter ausgebaut. In Westberlin (1960) richtete man ein Auslieferungslager ein, in Neu-Isenburg (1963) und in München-Feldgeding (1966) Verkaufsstellen mit Auslieferungslager. 1968 entstanden neue Verkaufsbüros in Düsseldorf, Bad Salzuflen, Hannover und Stuttgart. Das überwiegend junge, hoch motivierte Vertriebsteam unter der Leitung von Oswald Treffinger hatte wesentlichen Anteil am Geschäftserfolg. Wir sehen in der konsequenten Kunden- und Serviceorientierung auch Parallelen zur E.G.O., wo Karl Fischer die Kunden und Lieferanten häufig persönlich besucht hat.

Im Jubiläumsjahr 1965 gründete BLANCO in Holland eine Tochtergesellschaft mit eigener Fertigung und Verwaltung, die BLANCO N. V. in Sneek. Ein Jahr darauf wurde in Oberderdingen ein neues Verwaltungsgebäude bezogen.

Die starke Expansion des Unternehmens bedeutete zugleich ein enormes Anwachsen der Datenmenge, deren manuelle Bearbeitung mittlerweile viel zu aufwändig gewesen wäre. Im Jahre 1970 waren dies 130000 Rechnungen, 25000 Auftragsbestätigungen, 10000 Buchungsanzeigen und 140000 Lohnpositionen.[19] BLANCO machte sich daher die technische Entwicklung auf dem Gebiet der Datenverarbeitung zunutze und kann hier sicherlich zurecht als Pionier angesehen werden, denn bereits 1960 wurde ein Mietvertrag für Lochkartenmaschinen mit der Firma IBM unterzeichnet. Besonders Egon Stiefel hat sich beim Aufbau der EDV-Abteilung, die teilweise nach Sternenfels ausgelagert worden ist, große Verdienste erworben.

So wichtig die erwähnten neuen Produkte auch waren – die Haushaltsspüle aus Edelstahl stand absolut im Mittelpunkt von Produktion und Vertrieb. Am 2. September 1963 lief die 1-millionste Spüle vom Band. Der Marktanteil in Deutschland betrug inzwischen beachtliche 50 Prozent. Die

Thyssen-Hochhaus in BLANCO-Edelstahlverkleidung, 1960

Mit Edelstahl begann der Siegeszug der Haushaltsspülen.

Intervalle der „Millionenmeldungen" wurden jetzt immer kürzer: Am 7. Dezember 1965 – die BLANCO-Werke erreichten mittlerweile eine Tagesproduktion von ca. 2 200 Spülen – verließ bereits die 2-millionste Spüle die Fertigung, zwei Jahre später (November 1967) die 3-millionste und nur 21 Monate später (28. August 1969) die 4-millionste Spüle. Anlässlich dieses Produktionsrekordes veranstaltete BLANCO am 28. August 1969 eine Feier mit anschließender Pressekonferenz, zu der Gäste aus Politik und Medien kamen.[20] Zunächst traf man sich in der Hauptverwaltung in Oberderdingen, wo nach der Begrüßung durch Heinz Blanc eine „kleine Ausstellung von Mustern aller im Laufe der Jahre von BLANCO hergestellten Geräte aufgebaut worden war"[21]. Nach einer „Besichtigung der neuen automatisierten Fertigungsstraße für Spültische im Werk Sulzfeld"[22] versammelte man sich zur „eigentliche(n) Feierstunde (im) Lehrzentrum Kürnbach"[23], wo der damalige Technische Geschäftsführer Werner Herbold eine Rede hielt über die Entwicklung des Unternehmens im Allgemeinen und die Bedeutung des Werkstoffes Edelstahl im Besonderen. Danach übergab Heinz Blanc die 4-millionste Spüle, eine Herd-Spültisch-Kombination, dem Leiter des Jugenddorfes Stuttgart-Feuerbach, Herrn Ahl. Durch die Berichterstattung in Presse, Rundfunk und Fernsehen fand die Fertigung der 4-millionsten BLANCO-Spüle und damit das Unternehmen insgesamt große Beachtung.

In diesem Jahr 1969 verzeichnete das Unternehmen einen Jahresumsatz von ca. 80 Millionen DM, wovon auf den Export 15 Prozent entfielen. BLANCO-Erzeugnisse gab es in 70 Ländern zu kaufen. Die Zahl der BLANCO-Mitarbeiter stieg in den 1960er Jahren entsprechend der Produktionsentwicklung rapide an: von ca. 500 im Jahre 1958 auf über 1 700 im Jahre 1969. Von ihnen arbeiteten 522 in Oberderdingen, 433 in Sulzfeld, 153 in Michelfeld und 135 in Kronau.

Kräftig gewachsen ist auch die Zahl der Lehrlinge, legte doch BLANCO schon immer großen Wert auf einen qualifizierten Nachwuchs, der möglichst ein ganzes Arbeitsleben lang an das Unternehmen gebunden werden sollte. Ende der 1960er Jahre wurden rund 50 junge Menschen ausgebildet, die meisten von ihnen in dem modernen Lehrzentrum Kürnbach.

Das Lehrzentrum Kürnbach

Im Jahre 1967, nach einer Bauzeit von eineinhalb Jahren, wurde das Lehrzentrum in Kürnbach feierlich eingeweiht.[24] Heinz Blanc ging bei seiner Eröffnungsrede auf die Bedeutung der Lehrlingsausbildung ein. Er wies darauf hin, dass ein moderner Ausbildungsbetrieb den ständig steigenden Anforderungen gerecht werden und sich an den neuesten pädagogischen Erkenntnissen orientieren müsse. Das optimal ausgestattete Lehrzentrum biete hierfür die besten Voraussetzungen. Unter den zahlreichen Gratulanten waren Landrat Fuchslocher vom Landkreis Vaihingen, Regierungsrat Dr. Zerr vom Landkreis Sinsheim und Oberderdingens Bürgermeister Pfister. Das Kürnbacher Stadtoberhaupt Böckle freute sich verständlicherweise, dass BLANCO seine Gemeinde als Standort für das Zentrum ausgewählt hat. Karl Fischer sprach ebenfalls ein Grußwort und bekräftigte damit erneut die enge Verbindung der beiden Unternehmen. Abschließend gab es Gelegenheit zu einem „Imbiß, der im Speisesaal des Lehrzentrums serviert wurde, und einem Glas Wein"[25].

Die Jungen und die Alten

Im Jahre 1965 fand der 2-tägige Lehrlingsausflug, zu dem die Firma BLANCO ihren Nachwuchs alljährlich einlud, am 20. und 21. August statt.[26] Dieses Programm wollen wir uns ein wenig genauer anschauen, zeigt es doch, dass Ausflüge zu relativ nahe gelegenen Zielen auch für junge Menschen damals noch etwas Besonderes waren. Um 7.00 Uhr morgens verließ der Reisebus mit den Lehrlingen und ihren Begleitern Oberderdingen in Richtung Frankfurt. Ziel war die Herdfabrik Haas+Sohn in Sinn. Nach der Ankunft und einem Mittagessen in der dortigen Werkskantine begann die Betriebsbesichtigung. Anschließend ging es weiter den Rhein entlang bis nach Bacherach, wo man um ca. 19.30 Uhr eintraf. Übernachtet wurde in einer Herberge auf der Burg Stahleck, was für die jungen Mitarbeiter sicherlich ein besonderes Erlebnis war. Am nächsten

Tag stand für die Reisegruppe eine 3-stündige Rhein-Schifffahrt auf dem Programm, vorbei an den imposanten Burgen bis nach Bingen.

Nach dem Mittagessen nutzte man die verbleibende Zeit bis zur Heimfahrt für einen Stadtbummel, um Andenken zu kaufen oder Ansichtskarten zu schreiben. Anschließend ging es entlang der Bergstraße und mit einem Abstecher nach Heidelberg zurück in den Heimatort Oberderdingen.

Doch nicht nur die „Jungen" lagen BLANCO am Herzen, sondern auch mit den „Alten" fühlte man sich, über deren Ausscheiden aus dem Unternehmen hinaus, stets verbunden. Ein kleines Beispiel unter vielen ist eine Betriebsbesichtigung, zu der BLANCO ehemalige Mitarbeiter im Oktober 1964 eingeladen hatte.[27] Heinz Blanc nahm sich die Zeit zur Begrüßung und neben Betriebsrat Busch „erläuterte der technische Leiter Herr Ing. Herbold die Entwicklung des Werkes bis zum heutigen Tag"[28]. Ein gemeinsames Abendessen mit der Geschäftsleitung rundete das Programm ab.

25 Jahre Unterstützungsverein

Neben der 40-Jahr-Feier des Unternehmens gab es 1965 noch ein weiteres Jubiläum zu feiern: 25 Jahre Unterstützungsverein BLANC + CO e.V.[29] Am 18. Dezember 1940, während des Zweiten Weltkrieges, hatte Heinrich Blanc diesen Verein als soziale Einrichtung des Unternehmens gegründet. In der Satzung heißt es: „Der Zweck des Vereins ist, Zugehörige der Firma BLANC + CO. und deren Angehörige in Fällen der Not, insbesondere in Fällen von Krankheit, Tod, bei Berufsunfähigkeit, im Alter und bei Eintritt sonstiger Härtefälle zu unterstützen." Zu den Leistungen des Vereins unter dem Vorsitz von Heinz Blanc gehörten eine finanzielle Unterstützung im Krankheitsfalle über die Zeit der gesetzlich geregelten Lohn- bzw. Gehaltszahlung hinaus und eine betriebliche Zusatzrente. Jubilare erhielten ebenso wie angehende Rentner einen Sonderurlaub von 14 Tagen. Eine schöne Geste war die Anlage eines Sparbuches für jeden Sprössling einer Mitarbeiterfamilie. Die regelmäßigen Einzahlungen summierten sich und ergaben bis zur Konfirmation oder Schulentlassung eine schöne Summe.

Die Zahlungen des Unterstützungsvereins beliefen sich im Jahre 1964 auf 28000 DM und vier Jahre später auf fast 60000 DM. Diese freiwilligen Leistungen von BLANCO für Mitarbeiter und ihre Familien haben nicht unwesentlich zu einem guten Betriebsklima und zur langfristigen Bindung der Mitarbeiter an das Unternehmen beigetragen.

Wachstum und Expansion in den 1970er Jahren

Die 1970er Jahre begannen für BLANCO vielversprechend. Das Unternehmen wuchs und expandierte wie in den Jahrzehnten zuvor. 1970 wurden die Werke in Oberderdingen und Kronau erweitert. Ein Jahr später wurde in Oberderdingen ein neues Versandgebäude mit ca. 2500 qm Nutzfläche in Betrieb genommen. 1972 errichtete man in Oberderdingen eine neue Produktionshalle. Allerdings diesmal, im Unterschied zu bisherigen Bauvorhaben, an einem Standort, der außerhalb der Grundstücksgrenzen des Stammwerkes lag. Nach dem Umzug in ein neues Gebäude eröffnete das Verkaufsbüro Neu-Isenburg am 4. Oktober 1971 das neu geschaffene „BLANCO Informationszentrum Frankfurt", in dem auf ca. 200 qm das gesamte BLANCO-Produktionsprogramm ausgestellt wurde. Ständig kamen neue Produkte auf den Markt. BLANCO-Erzeugnisse waren auch im Ausland sehr gefragt. 40 Prozent aller Spültische, die aus der Bundesrepublik ins Ausland exportiert wurden, trugen das Logo von BLANCO. Nachdem bereits 1968 mit der BLANCO N.V. in Sneek/Holland die erste Auslandsniederlassung gegründet wurde, folgten Anfang der 1970er Jahre weitere Standorte: BLANCO S.P.R.L. in Brüssel im Dezember 1970, die BLANCO Ges.mbH in Wien im Januar 1971, die BLANCO AG in St. Gallen 1972 sowie ein Jahr später in Ivry-sur, einem Vorort von Paris, die BLANCO SARL. Das Unternehmen hatte mittlerweile eine solche Größe erreicht, dass man es für zweckmäßig hielt, die Rechtsform zu ändern. Aus der Firma „BLANC+CO." wurde am 1. Januar 1973 eine Kommanditgesellschaft mit der Bezeichnung „BLANC GmbH&CO. KG". Zugleich übernahm die neugegründete BLANC&CO. Verwaltungsgesellschaft mbH als persönlich haftende Gesellschafterin die Geschäftsführung. BLANCO beschäftigte inzwischen ca. 2000 Mitarbeiter. Im Jahre 1972 erzielte das Unternehmen einen Umsatz von ca. 100 Millionen DM, daran hatte der Export einen Anteil von rund 15 Prozent. Die Jahresproduktion von Spültischen lag mittlerweile bei 900000 Stück.

Fünf Millionen Spülen!

Am 29. März 1971 wurde im Werk Sulzfeld ein neuer Rekord erreicht: Der 5-millionste BLANCO-Edelstahl-Spültisch ging vom Band![30] Dieser Termin war ideal, denn wenige Tage später fand in Frankfurt die internationale Fachmesse

HEINRICH BLANC – EHEMALIGE MITARBEITER ERINNERN SICH

„Die französischen Wurzeln der Waldenser waren bei Heinrich Blanc noch deutlich zu erkennen", erinnert sich Frank Straub, heutiger Geschäftsführer der BLANCO und Enkel des Firmengründers. Blanc war immer für sein Unternehmen und die Mitarbeiter da, saß aber auch gerne bei einem Viertele im „Badischen Hof" in Sulzfeld oder in der „Germania" in Oberderdingen, um genüsslich eine Zigarre zu rauchen und sich mit den Männern vom Ort zu unterhalten. So mancher junge Mitarbeiter wurde dabei per Handschlag eingestellt und mit dem Sulzfelder Bürgermeister verhandelte er am Stammtisch über die Erweiterung des Betriebsgeländes, wie sich der ehemalige Mitarbeiter Adolf Weigel erinnert. Ins Wirtshaus brachte Blanc aber auch Lieferanten und Kunden mit, wohl wissend, dass sich in dieser lockeren Atmosphäre ganz gut Geschäfte machen ließen.

Die gleiche Verbindung von privatem Vergnügen und geschäftlichem Interesse praktizierte Blanc auch bei der Jagd, seiner großen Leidenschaft. „Stahlbarone" aus dem Ruhrgebiet nahmen seine Einladungen ebenso gerne an wie Lokalpolitiker. Kein Wunder, dass sich um die Jagdgesellschaften Blancs auch so manche Geschichten ranken. Etwa jene von der „Gänsejagd". Einem ganz glücklosen Jagdfreund sagte Heinrich Blanc im Spaß: „Schieß' doch dort drüben eine Gans, damit Du heute auch noch etwas triffst!" Der lies sich nicht zweimal bitten und erlegte eine Gans, was die Bäuerin natürlich sehr ärgerte. Als Blanc ihr 50 Mark zur Entschädigung gab, sagte die gewitzte Frau: „Jetzt könnt ihr die anderen Gänse auch noch abschießen!"

Während des Krieges herrschte auch bei der Jagd Personalmangel, da die meisten Männer an der Front waren. Blanc rief deshalb eines Tages den Schulleiter Brandauer an: „Schick' mir ein paar Schüler, damit wir eine Treibjagd machen können."

Bei einer Gesprächsrunde mit früheren Mitarbeitern der BLANCO waren viele solcher Geschichten zu hören. Einhellig wurde aber auch auf die soziale Ader Heinrich Blancs verwiesen: „Wer von ihm eingestellt wurde, hatte in der Regel eine Lebensstellung", so Ewald Hedinger. Als im Winter ein Arbeiter ohne Mantel in den Betrieb kam, sagte Blanc nach der Erinnerung von Franz Mohr: „Gebt dem Mann mehr Geld, damit er sich einen Mantel kaufen kann." Als der junge Fritz Krüger zu seinem Chef sagte, er verdiene zu wenig, antwortete Heinrich Blanc: „Biewle, das meint jeder" und ging weiter. In der nächsten Lohntüte fand Krüger dann die gewünschte Gehaltserhöhung. Als jedoch ein anderer Mitarbeiter mit Hinweis auf Krüger auch mehr Geld forderte, bekam er zur Antwort: „Den Krüger habe ich schon immer schaffen gesehen, dich nicht!"

Blanc organisierte nach dem Krieg gern genutzte Erholungsfahrten in den Schwarzwald, die sogenannten „Landverschickungen". Um die Mitarbeiter langfristig an BLANCO zu binden, baute er Wohnhäuser und vermietete sie sehr günstig. Anderen zahlte er Zuschüsse für den Bau ihres Eigenheimes, wie dem jungen Adolf Weigel, der ihm aber versichern musste, dass er seine Freundin bald heiraten werde!

Nach dem Bau des früheren Verwaltungsgebäudes von BLANCO war der Zugang lange Zeit unbefestigt. Die Abteilungsleiter haben Heinrich Blanc deshalb immer wieder gedrängt, den Weg doch richten zu lassen, damit die Schuhe nicht immer so verdreckt werden. Eines Tages ließ der Chef tatsächlich Schotter abladen und sagte zu seinen leitenden Angestellten: „So, am Samstag könnt ihr den Weg dann machen." Als Lohn für die verdutzten Mitarbeiter gab es einen Kasten Bier!

Schon fast sprichwörtlich war bei der BLANCO die Sparsamkeit des Firmenchefs, soweit es um betriebliche Belange ging. Nächtliche Kontrollgänge, um zu sehen, ob auch überall das Licht ausgeschaltet worden war, waren keine Seltenheit.

Als Chef der alten Schule achtete er selbst auf die Pünktlichkeit seiner Mitarbeiter und darauf, ob sie auch ordentlich arbeiteten. Die Frage „Was machst Du gerade" wurde von Blanc fast immer gestellt, wenn er einen Lehrling oder Arbeiter traf. Wer nicht gleich eine plausible Antwort hatte, war nicht so gut dran! Zwei Lehrlinge hießen Willi mit Vornamen und wenn Blanc nach „Willi" rief, kamen oft beide angelaufen. Das war betriebswirtschaftlich gesehen natürlich nicht effektiv und deshalb sagte Heinrich Blanc zu einem der beiden: „Ab jetzt heißt du Karl."

Traditionell gab es bei Betriebsjubiläen von Mitarbeitern eine BLANCO-Uhr, vom Chef persönlich überreicht. Bei der Feierstunde anlässlich 25jähriger Zugehörigkeit blieb eine Uhr übrig. „Die behalte ich selbst, ich bin schließlich auch seit 25 Jahren bei der Firma", sagte Blanc kurz entschlossen.

Heinrich Blanc war ein Familienmensch und versammelte am Sonntag gern alle vier Kinder mit ihren Familien um sich, so Frank Straub. Anlässlich der Betriebserweiterung des Werkes in Sulzfeld ließ er Ende der 1940er Jahre fünf Linden für seine Frau und die vier Kinder pflanzen. Nur eine musste bisher für ein Straßenbauvorhaben weichen.

Die neu eingeführte Mitarbeiter-Zeitschrift zeigt eine moderne Spüle mit integriertem Geschirrspüler als Toplader, 1963.

für Sanitär- und Heizungstechnik statt, an der BLANCO „als bedeutendster Edelstahl-Verarbeiter und zugleich größter Hersteller von Edelstahl-Spültischen"[31] teilnahm. Inmitten des BLANCO-Messestandes war, wie es in der BLANCO-Presse hieß, „(d)er 5-millionste BLANCO Spültisch …, unübersehbar, in einen überdimensionalen Diamanten eingebaut. Ständig wechselnde Lichteffekte setzten ihn ‚ins rechte Licht', fingen Blick und Interesse jedes Messebesuchers und lenkten seine Schritte zu BLANC+CO."[32] BLANCO „lud die internationale Fach- und Wirtschaftspresse zu einer Pressekonferenz in das Hotel Intercontinental in Frankfurt ein"[33]. Dort „empfingen Geschäftsleitung und leitende Mitarbeiter … Journalisten des In- und Auslands"[34]. Nach der Begrüßung durch Heinz Blanc hielt der technische Direktor Werner Herbold ein Referat, in dem er ausführlich auf die Bedeutung des rostfreien Edelstahls als Werkstoff für das Unternehmen einging. Den „Fünf-Millionen-und-Ersten"[35] Edelstahl-Spültisch übergab Heinz Blanc dem Vertreter des Sozialamtes der Stadt Frankfurt, Obermagistratsrat Bauer, als Geschenk für ein Frankfurter Kinderkrankenhaus.

Die Mitarbeiterzeitschrift – jetzt unter neuem Titel – zur Einführung der EDV, 1973

Tag der offenen Tür in Sternenfels

Die immer größer werdende Menge an Daten bei BLANCO verlangte nach einem moderneren Datenverarbeitungssystem.[36] Im Jahre 1972 mietete BLANCO daher bei IBM eine neue, nun elektronische Datenverarbeitungsanlage mit der Typenbezeichnung 360/25 und installierte diese in dem neu errichteten Rechenzentrum in Sternenfels – die erste dialogfähige Debitorenbuchhaltung in Deutschland. Leiter dieser Abteilung wurde Egon Stiefel, der bereits 1960 die Datenverarbeitung bei BLANCO eingeführt hatte. Am 22. November 1972 veranstaltete das Rechenzentrum einen „Tag der offenen Tür". Interessenten wollte man damit die Möglichkeit bieten, diese besondere BLANCO-Niederlassung mit ihrer modernen Anlage kennen zu lernen. Anhand eines Demonstrationsprogramms wurde den Gästen die Arbeitsweise des noch weitgehend unbekannten Computers vorgeführt. Etwa 700 Personen nutzten diesen „Tag der offenen Tür" zu einem Besuch.

Die Krise

Ausgelöst durch die sogenannte Ölkrise 1973 verschlechterte sich die wirtschaftliche Entwicklung national wie international. Die Rezession machte sich auch im Wohnungsbau und privaten Konsum bemerkbar; die rückläufige Nachfrage nach Einrichtungsgegenständen traf BLANCO sehr hart. Der Umsatzrückgang zwang das Unternehmen zur Schließung des Werkes in Michelfeld und der Verkaufsbüros in Hannover und Stuttgart, aber vor allem zu einer radikalen Personalreduzierung von ca. 2000 (1972) auf weniger als 1000 Mitarbeiter. BLANCO stand kurz vor der Insolvenz, als die Firma E.G.O. Elektrogeräte Blanc & Fischer in Oberderdingen zu Hilfe kam und am 1. Januar 1975 als weiterer Kommanditist mit einem Anteil von 50 Prozent in das Unternehmen eintrat und 100 Prozent der Anteile an der Blanc & Co. Verwaltungs-GmbH übernahm. Heinz Blanc erhielt den Vorsitz in einem neu gegründeten Verwaltungsrat. Reinhard Fischer wurde Vorsitzender der Geschäftsführung: „In 1975 übernahm ich die Leitung bei BLANCO in einer besonders kritischen Situation, nachdem durch die Übernahme von 50 Prozent der Gesellschaftsanteile seitens der E.G.O. eine finanzielle Zukunftsperspektive geschaffen wurde. Aufgabe war es, kurzfristig eine Sanierung mit anschließender Konsolidierung des Unternehmens herbeizuführen."[37]

Die durch Karl Fischer und Heinrich Blanc gegründete E.G.O. rettete somit die BLANCO, deren Insolvenz unabsehbare Folgen für die Mitarbeiter, die Gemeinde Oberderdingen und die gesamte Region gehabt hätte. Maßgeblichen Anteil an dieser Rettungsaktion hatte der Direktor der E.G.O., Heinz Treffinger.

Neu-Ausrichtung des Unternehmens

Unter der Leitung von Reinhard Fischer erfolgte eine verstärkte Konzentration auf die drei Produktgruppen Haushaltstechnik, Gemeinschaftsverpflegung und Medizintechnik als neue Sparte. Die jeweiligen Lieferprogramme sollten erweitert werden. Zudem beabsichtigte man, in allen drei Geschäftsfeldern neben Einzelgeräten auch Systemlösungen anzubieten. Reinhard Fischer erinnert sich: „Zur Stärkung der Krisenfestigkeit wurde sehr bald der Leitsatz verwirklicht: ‚Drei starke Beine brauchen wir, falls mal eines krank wird.' So wurden ergänzend zur Haushaltstechnik die Produktgruppen ‚Gemeinschaftsverpflegung' und ‚Medizintechnik' zu am Markt bedeutenden Geschäftsfeldern ausgebaut."[38] BLANCO lieferte komplette Anlagen sowohl in Großküchen als auch in verschiedene Bereiche der Krankenhäuser. Im Rahmen der neuen Zielsetzungen erfolgte auch eine Umstrukturierung der Vertriebsorganisation, um den differenzierten Anforderungen der Produktgruppen gerecht zu werden. Vertriebsleiter Oswald Treffinger beschreibt diese Entwicklung BLANCOs im Rückblick: „Die Besinnung auf das Kerngeschäft Spüle und die Arrondierung durch Produkte für die Gastronomie und Verpflegungstechnik sowie die Medizintechnik erwies sich später als der richtige Schritt. Weil wir uns eine starke Vertriebsposition aufgebaut hatten, konnten wir so auch immer gut auf Impulse und Signale des Marktes reagieren."[39] Anfang der 1970er Jahre eröffnete das Verkaufsbüro Neu-Isenburg ein neues, modernes Informationszentrum, in dem der Kundschaft die aktuelle BLANCO-Produktpalette präsentiert wurde. Ein zweifellos auf-

Auch Omnibusse wurden von BLANCO mit Edelstahl verkleidet, 1960er Jahre.

Heinz Blanc (re.) anlässlich „5 Millionen BLANCO-Spülen" im Gespräch mit einem Besucher, 1971

sehenerregendes Projekt war im Jahre 1975 ein Großauftrag aus der UdSSR, nämlich die Ausstattung von 73 Fischmärkten der Handelsgruppe OKEAN mit BLANCO-Produkten und -Edelstahlelementen. Mitte 1978 wurde in Kronau die Fertigung der Küchen- und Tafelgeräte eingestellt und das Werk an die Firma Fissler in Idar-Oberstein verkauft. 1976 trat der Enkel des Firmengründers, Frank Straub, zunächst als stellvertretender Leiter der Finanzbuchhaltung in das Unternehmen ein. Sein damaliger Vorgesetzter war Willy Steinmetz, der als erster kaufmännischer Lehrling bereits im Gründungsjahr 1925 bei der BLANCO begonnen hatte.

Ein turbulentes Jahrzehnt endete tragisch. Am 28. Januar 1978 starb der Sohn des Firmengründers, Heinz Blanc, durch Freitod.

BLANCO in den 1980er Jahren

Die Geschichte der BLANCO in den 1980er Jahren kann unter das Motto „Weitere Konsolidierung und stetiges Wachstum" gestellt werden. Die Entwicklung der Spüle zu einem intelligenten multifunktionalen Arbeitsplatz in der Küche war begleitet von neuen Produkt- und Designideen. Der Verbundwerkstoff „Silacron" brachte zudem Leben in die Küche: 1982 hat BLANCO erstmals Spülen in Farbe hergestellt. Eine Weltneuheit stellte die „BLANCO MULTI-BOX" dar, die eine bequeme Trennung der Küchenabfälle ermöglichte.

Auch die übrigen Unternehmenssparten konnten deutliches Wachstum durch neue Produktentwicklungen verbuchen. So brachte BLANCO im Bereich Großverpflegung das mobile Speisenausgabe-Programm „Domino" auf den Markt. In der Sparte BLANCOMED wurden vor allem hochwertige OP-Tische entwickelt.

Am Ende des Jahrzehnts war der Umsatz des Unternehmens auf über 270 Millionen DM und die Zahl der Mitarbeiter auf 1 400 angestiegen. Rund 30 Prozent der Produktion gingen in den Export – BLANCO lieferte bereits in über 100 Länder und fasste durch eine Tochtergesellschaft auch in den USA Fuß. Das Produktionswachstum führte zu einer erheblichen Vergrößerung der Fertigungsflächen in Oberderdingen und Sulzfeld, wo die neue Pressenhalle in Betrieb genommen worden war. Auch ein Informationszentrum mit Ausstellungs- und Schulungsräumen wurde eröffnet.

Stabsübergabe von Reinhard Fischer (re.) an Frank Straub, 1993

Der inzwischen weltweit bekannte Markenname BLANCO fand 1987 auch Eingang in die Firmenbezeichnung: BLANCO GmbH & Co. KG lautete jetzt der juristische Name. Im Jahr 1985 war Frank Straub zum Geschäftsführer bestellt worden.

Weiter auf Wachstumskurs

Die 1990er Jahre begannen für BLANCO mit überdurchschnittlichem Wachstum in allen drei Geschäftsfeldern. Der Gruppenumsatz, den das Unternehmen 1992 mit allen Tochtergesellschaften und Mehrheitsbeteiligungen in den USA, Großbritannien, Frankreich, Belgien, der Schweiz und Italien erzielte, lag bei ca. 461 Millionen DM. Innerhalb Deutschlands erklärte sich dieser Zuwachs nicht zuletzt durch ein starkes Engagement in den neuen Bundesländern. BLANCO-Produkte waren inzwischen in 80 Ländern erhältlich, auch wenn der europäische Binnenmarkt weiterhin im Mittelpunkt stand.

Im Jahr 1993 gab es bei BLANCO einen Wechsel an der Firmenspitze: Frank Straub, Enkel des Firmengründers Heinrich Blanc, wurde neuer Vorsitzender der Geschäftsführung. Reinhard Fischer, der diese Position seit 1975 innehatte, schied aus Altersgründen aus und wurde Mitglied des Verwaltungsrates. BLANCO beschäftigte mittlerweile ca. 1 700 Mitarbeiter. Mehr als 12 000 Kunden belieferte das Unternehmen mit seinen Produkten und die Rekordmeldungen überschlugen sich: 1994 wurde die 25-millionste Spüle hergestellt. Fünf Jahre später verließ die 30-millionste Spüle das Werk Sulzfeld.

Neue Standorte wurden errichtet und bereits bestehende ausgebaut. BLANCO übernahm andere Firmen bzw. deren Produktionsstätten und schloss Kooperationen in den verschiedenen Geschäftsfeldern ab. 1990 wurde in Berlin-Spandau ein Verkaufsbüro eröffnet. In Berlin befand sich anfangs eine Produktionsstätte, die aus der Konkursmasse der Firma KKI für die Herstellung von Polyesterteilen erworben wurde. 1991 erfolgte die Umwandlung in eine Verkaufsniederlassung mit Auslieferungslager. Mit diesem Standort nutzte BLANCO die Chancen, die sich aus der Wiedervereinigung Deutschlands und der beginnenden Diskussion um die künftige Hauptstadt Berlin ergeben haben. Hinzu kam die Öffnung der Märkte in Ost-Europa. Schon 1992 gründete das Unternehmen eine Verkaufsniederlassung in Prag. 1994 entstand in Frydek-Mistek, Mähren, eine Produktionsstätte für Catering und medizinische Erzeugnisse.

OP-Tisch „Saturn", 1985

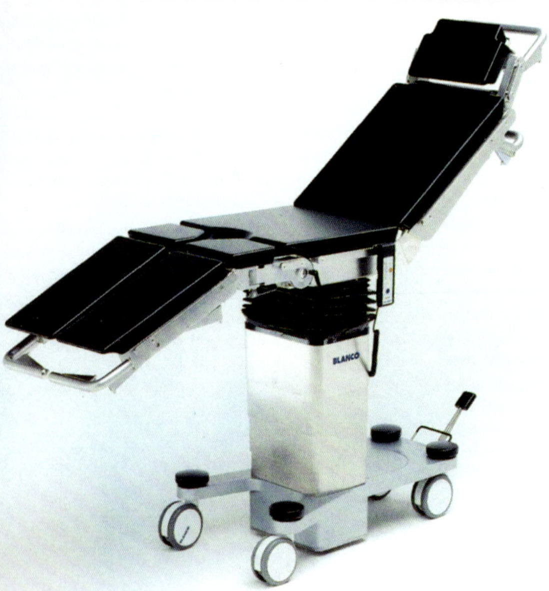

Im Frühjahr 1990 wurde in Sinsheim – in der Nähe des Zentrallagers – eine neue Fertigungshalle für die Herstellung von Spülen aus dem Verbundwerkstoff Silacron in Betrieb genommen. 1990 übernahm BLANCO die Produktion und den Vertrieb von Geschirrstaplern und Geschirrförderbändern der Firma Welbilt, was sich als eine sinnvolle Ergänzung der Produktpalette für die Großverpflegungstechnik herausstellte. Im selben Jahr kamen die fast 3 000 Quadratmeter großen Fertigungsstätten der Firma Klais in Speyer hinzu, einem Zulieferer von Kühleinrichtungen.

Im Oktober 1991 wurde die BLANCO MED GmbH als 100prozentige Tochter gegründet. Die neue Gesellschaft erwarb von der Jenoptik Carl Zeiss Jena GmbH in Saalfeld/Thüringen ein Areal von ca. 40 000 Quadratmetern mit großzügigen Produktions-, Lager- und Büroflächen. Hier sollte innerhalb von zwei Jahren der Schwerpunkt der Fertigung von medizintechnischen Geräten, vor allem OP-Tischen, entstehen. „Durch die teilweise Verlagerung der Medizintechnik nach Saalfeld werden im Stammwerk Oberderdingen Fabrikationsflächen frei, die dringend für die Erweiterung der Kapazitäten in der Großverpflegungstechnik gebraucht werden", hieß es in einem Zeitungsbericht.[40]

1995 übernahm BLANCO in einem sogenannten Asset-Deal die Produktionsstätte der Firma Mirolin in Toronto/Kanada zur Herstellung von Spülen aus dem Verbundwerkstoff Silacron – noch heute der einzige Produzent dieses Werkstoffes in Nordamerika. Drei Jahre später wurde die Firma Wolf Kunststofftechnik übernommen, die tiefgezogene Polymer-Transportbehälter („BLANCO Therm") für den Catering-Markt herstellte. 2001 erfolgte der Umzug nach Leipzig und die Umbenennung der Firma in BLANCO Polymer Technologies.

Im Jahr 1998 wurde die BLANCO Med GmbH Saalfeld an die Firma Trumpf in Ditzingen verkauft und in Trumpf Medizin Systeme umbenannt. Damit wollte man das Unternehmen in technologisch „sicheres Fahrwasser" bringen, da sich ein Trend zur computergestützten Chirurgie mit Robotertechnologie abzeichnete. Den Verkaufserlös investierte BLANCO in eine neue Pressenhalle mit vollautomatisch verketteter Pressenlinie in Sulzfeld. 1999 erwarb das Unternehmen schließlich eine 25prozentige Beteiligung an dem indischen Spülenhersteller Phoenix in Bombay.

Ende der 1990er Jahre rückte die Produktion von Schranksystemen und Funktionsmöbeln für Kliniken in den Mittelpunkt. Hier erkannte BLANCO seine Kernkompetenz im medizinischen Bereich. Die Herstellung von OP-Tischen wurde aufgegeben und die BLANCO Med GmbH veräußert.

Bei der Produktion von Spülen verstärkte sich der Trend hin zu Verbundwerkstoffen weiter. Die Forschung und Entwicklung in diesem Bereich wurde ausgebaut, unter anderem durch eine Kooperation mit der Firma Schock in Schorndorf. Sulzfeld entwickelte sich zu einem der modernsten Fertigungsstandorte für Edelstahl-Spülen weltweit. In eine neue verkettete Presselinie wurden 20 Millionen DM investiert.

1992 erarbeitete BLANCO zusammen mit der TU München unter dem Namen „Blitz" (BLANCO Logistik In Termin Und Zeit) ein innovatives

Logistikkonzept. Dessen Umsetzung führte zur weiteren Konzentration der Verkaufs- und Vertriebsorganisation auf den Stammsitz Oberderdingen und zur Schließung der Verkaufsbüros in Neu-Isenburg, Feldgeding bei München sowie in der Schweiz. 1998 eröffnete als Ersatz für das bisherige Zentrallager in Sinsheim das neue Distributionszentrum mit Hochregallager in Bruchsal. Es handelte sich dabei um eine ca. 12 500 qm große Halle. „70 Mitarbeiter bedienen die hochkomplexe Lagertechnik, die Tag für Tag ca. 20 500 Positionen abwickelt", vermeldete eine Firmenbroschüre.[41] Die Entscheidung für den Standort Bruchsal hat sich als richtig erwiesen, wie der Bau eines weiterentwickelten neuen Logistikzentrums im Jahr 2007 zeigt. Im März 1993 übernahm Frank Straub den Vorsitz der Geschäftsführung von Reinhard Fischer.

Nachdem sich ab 1992 größere Ertragsprobleme abzeichneten, wurde Anfang 1995 ein weiteres Reorganisationsprojekt namens PRO 96 eingeleitet. PRO stand für Provokation und 96 für das Jahr der Umsetzung. Im Verlauf dieses Organisationsentwicklungsprojektes wurden die sogenannten Produktgruppen Haushaltstechnik, Großverpflegung und Medizintechnik in weitgehend getrennte Geschäftsbereiche übergeleitet. Diese Trennung bestand vorher hauptsächlich im Vertrieb. Im Verlauf von PRO 96 wurden erstmals voneinander unabhängige Geschäftsbereichsleiter mit Ergebnisverantwortung eingesetzt. Einige Jahre später kam es zur Verschmelzung der Bereiche Medizintechnik und Großverpflegung in den neuen Geschäftsbereich Catering und Med Systeme. Die organisatorische Trennung der Geschäftsbereiche wurde im Jahre 2007 rechtlich durch die Etablierung von zwei nebeneinander stehenden Firmen vollendet: die bisherige BLANCO GmbH + Co.KG und – für die Bereiche Catering und Med Systeme – die BLANCO CS GmbH + Co.KG.

Das neue Jahrtausend

Der Beginn des dritten Jahrtausends fällt zusammen mit dem 75jährigen Jubiläum der BLANCO. Anlass also, sich zu erinnern an die Anfangsjahre, als Heinrich Blanc in zwei Holzbaracken in Oberderdingen und mit einer Handvoll Mitarbeiter kupferne Herdwasserschiffe herstellte.

Heute vertreibt die BLANCO GmbH+Co. KG ihre Produkte auf der ganzen Welt und ist in vielen Unternehmensbereichen Trendsetter im funktionalen Design. Hauptsitz ist nach wie vor Oberderdingen, aber mittlerweile sind Produktionsstandorte in Oberderdingen, Sinsheim, Sulzfeld, Bruchsal und Leipzig sowie in Frydek-Mistek (Tschechien) und Toronto (Kanada) hinzugekommen. Es bestehen Tochtergesellschaften und Beteiligungen in Belgien, Frankreich, Großbritannien, der Schweiz, Tschechien, Indien, den USA und Kanada.

Innerhalb Deutschlands verfügt BLANCO über drei Vertriebszentren. Mithilfe von acht eigenen Vertriebsgesellschaften in Europa und Übersee sowie zahlreichen Vertriebspartnern in aller Welt vermarktet BLANCO seine Produkte rund um den Globus. Das Unternehmen beschäftigt 1 770 Mitarbeiter, davon 380 im Ausland. Der Umsatz betrug im Geschäftsjahr 2006 knapp 330 Millionen Euro. Vor allem der Export verzeichnete in den letzten fünf Jahren einen starken Zuwachs. Wichtige Auslandsmärkte sind nach wie vor die EU-Staaten, aber auch Osteuropa und Nordamerika. Rund 80 Prozent des Gesamtumsatzes entfielen auf den Geschäftsbereich Küchentechnik. „In der Küchentechnik werden jährlich ca. 1,5 Millionen Haushaltsspülen aus den Materialien Edelstahl und Silgranit von der Standardausführung über Premiumprodukte bis zur High-Tech-Qualität produziert", heißt es in der Geschäftsbilanz des Jahres 2005.[42] Die zweite Sparte Catering+Med trug dementsprechend rund 20 Prozent zum Gesamtumsatz bei.

Ethik und Umweltpreis

Im Jahr 2002 veranstaltete die International University in Bruchsal ein Symposium zum Thema „Ethik in Wirtschaft und Informationstechnologie".[43] Dass Frank Straub, Geschäftsführender Gesellschafter der BLANCO GmbH+Co.KG, einer der Hauptredner war, ist kein Zufall. Seit vielen Jahren setzt er sich für einen fairen und vertrauensvollen Umgang mit Mitarbeitern, Lieferanten und Kunden ein und knüpft damit noch stärker an die Tradition seines Großvaters Heinrich Blanc an. Seit 1995 ist Straub Mitglied im Caux Round Table (CRT), einer internationalen Organisation von Managern, die sich für hohe ethische und soziale Grundsätze im Wirtschaftsleben engagieren, im Jahr 2001 wurde er in das Global Governing Board, das Exekutivorgan des CRT, berufen.

In seinen „Principles for Business" stellt der CRT die Förderung des sozialen Fortschritts und der gerechten Verteilung des Wohlstandes, Nachhaltigkeit im Umgang mit den natürlichen Ressourcen, Fairness und

Transparenz bei allen Geschäftstätigkeiten und die Achtung der Würde jedes einzelnen Menschen in den Mittelpunkt des unternehmerischen Handels. „Diese Prinzipien sind das Fundament einer funktionierenden sozialen Marktwirtschaft", sagte Frank Straub in Bruchsal.[44] Für sein langjähriges Engagement wurde er 2006 vom CRT mit dem Preis für ethisches Handeln im Wirtschaftsleben geehrt.

Im gleichen Jahr wurde bei BLANCO erstmals in Europa ein vom CRT entwickeltes Ethik-Selbstaudit (Arcturus) als Betatest in Zusammenarbeit mit dem Ethik-Beauftragten der Hochschule Pforzheim, Prof. Noll, und einigen Masterstudenten durchgeführt. Arcturus soll helfen, die Umsetzung der CRT-Geschäftsprinzipien messbar zu machen. Das Audit führte zu einer Bestätigung der seit Jahren verfolgten, nach ethischen Gesichtspunkten ausgerichteten Unternehmenskultur.

Wie es bereits in den Unternehmensleitlinien heißt, müssen „Ökonomie und Ökologie keinen Widerspruch darstellen"[45]. Der beste Beweis ist BLANCO selbst, denn parallel zum wirtschaftlichen Erfolg wurde der Umwelt- und Ressourcenschutz verstärkt. Diese Aktivitäten hat auch das Land Baden-Württemberg mit der Verleihung des Umweltpreises 2006 anerkannt. Die Jury aus Vertretern des Umwelt- und Wirtschaftsministeriums Baden-Württemberg, der IHK, des Landesverbands Baden-Württembergische Industrie sowie der Landesanstalt für Umwelt, Messungen und Naturschutz Baden-Württemberg überzeugte sich anlässlich eines Besuches in Oberderdingen „vom hohen Stellenwert des Umweltschutzes bei BLANCO"[46]. Die feierliche Verleihung des Umweltpreises fand im Stuttgarter Neuen Schloss statt.

Design für höchste ästhetische Ansprüche

Design ist kein Selbstzweck, sondern erhöht auch den Gebrauchswert der Produkte und erfüllt die ästhetischen Anforderungen der Kunden. Die Verbindung von Form und Funktion hat für BLANCO einen hohen Stellenwert, wie schon die hohen personellen und finanziellen Investitionen in die Abteilung Design zeigen. Zahlreiche Preise auf nationaler und internationaler Ebene krönen diese Strategie.

Einige Beispiele aus der jüngsten Vergangenheit mögen genügen: 1997 erhielt das Unternehmen für BLANCOLUNA vom Design-Zentrum Nordrhein-Westfalen den „Roten Punkt" für höchste Design-Qualität.

1998 kürte der Fachverband Kunststoffkonsumwaren BLANCODELTA zum Produkt des Jahres.

Im September 2005 brachte BLANCO die neue High-End-Marke BLANCO SteelArt auf den Markt. Hierbei handelt es sich um hoch ästhetische Edelstahl-Lösungen für die qualitätsbetonte Küche. „BLANCO SteelArt-Produkte erfüllen höchste Ansprüche bezüglich Design, Materialauswahl und Verarbeitungsqualität."[47] Auf der CeBIT 2007 wurde das Spülcenter CLARONLINE-IF von BLANCO SteelArt mit dem renommierten „iF product design award" in Gold des International Forum Design Hannover ausgezeichnet.[48] „Unter Herstellern wie Konsumenten gelten die von der Jury vergebenen iF awards als ein verlässliches Siegel für herausragendes Design, gepaart mit überdurchschnittlicher Material- und Verarbeitungsqualität sowie einer besonders durchdachten Nutzerfreudlichkeit."[49] Auch das bereits erwähnte Design-Zentrum Nordrhein-Westfalen zeichnete die Produktlinie SteelArt aus.

Mit mehreren Design-Preisen ausgezeichnet: Die BLANCO SteelArt

Im Frühjahr 2007 erhielt BLANCO für das Edelstahl-Spülcenter BLANCOAXIS 6 S-I Edition den Innovationspreis des Bundesverband Mittelständischer Küchenfachhandel (BMK). Der BMK vertritt ca. 1 200 Küchenhäuser. 435 Händler hatten an der bundesweiten Abstimmung teilgenommen. Dieser Preis wird seit 2006 vergeben. 2008 folgte der renommierte „Good Design Award" (USA).

Neues Logistikzentrum in Bruchsal und Verwaltungsgebäude in Oberderdingen

Im Januar 2007 begannen die Bauarbeiten für ein neues hochmodernes Logistikzentrum in Bruchsal.[50] Das stetige Wachstum des Unternehmens und der damit einhergehende erhöhte Bedarf an Nutzfläche machten diesen Neubau erforderlich. Zudem beabsichtigt BLANCO, die europäische Distribution in Bruchsal zu zentralisieren. Die Kosten für dieses Projekt betragen ca. 20 Millionen Euro. Auf einer Grundstücksfläche von 35 000 qm wurde ein Gebäude mit einer Fläche von ca. 16 000 qm errichtet, das bereits zum Jahresende 2007 eingeweiht werden konnte. Mehr als 100 Mitarbeiter sind dort beschäftigt.

Durch das ständige Wachstum und die strukturellen Veränderungen der vergangenen Jahrzehnte wurden im Bereich der Administration die Raumverhältnisse so kritisch, dass man sich zu dem Neubau eines weiteren Verwaltungsgebäudes entschloss – das letzte große Gebäude war vor über 40 Jahren errichtet worden.

Ab Mitte der 1990er Jahre wurden in allen Gebäuden der BLANCO Werke der

modernen Kunst in Form von Malerei und Fotografie präsentiert. Diese kunstbetonte Ausrichtung ist Teil einer klaren ästhetischen Orientierung des Unternehmens und seiner Mitarbeiter, spielt doch Design eine immer größere Rolle.

1995 wurde auch wieder eine Betriebszeitschrift eingeführt, zunächst unter dem Namen „BLANCO im Blickpunkt" und später unter „BLANCO Horizonte". Die erste Betriebszeitschrift, die „BLANCO Presse", musste im Krisenjahr 1975 aus Kostengründen eingestellt werden. Die „Horizonte" entwickelten sich über die Jahre zu einer von den Mitarbeitern und Geschäftsfreunden gern gelesenen Zeitschrift mit Berichten über das aktuelle Geschehen in der BLANCO.

Das erste Verwaltungsgebäude wurde Ende der 90er Jahre innen völlig renoviert und erhielt ein modernes, transparentes Gesicht mit Glastüren, welche die Transparenz des Unternehmens symbolisieren sollen.

2003 wurde in Zusammenarbeit mit Georg Blanc, Landschaftsarchitekt in Berlin und Enkel des Firmengründers, eine avantgardistische Vorplatzgestaltung realisiert mit einem „Blanco-Kreisel" in unmittelbarer Nähe des Verwaltungsgebäudes.

Diese Neugestaltung ist Teil eines Gesamtkonzeptes, das bis zum Jahr 2010 auch den durch das neue Verwaltungsgebäude entstehenden Innenhof mit einbezieht und eine Campus-Atmosphäre schaffen soll, in der sich die Mitarbeiter und die Besucher wohl fühlen.

Blick in das Logistikzentrum Bruchsal

Hohe Auszeichnung für die E.G.O. 2005: Ulrich Wickert, Dr. Dieter Moser und Axel Schuster (von links)

Hohe Auszeichnung für die BLANCO 2006: Der Distinguished Service Award des Internationalen Caux Round Table für Frank Straub

7. Innovation und Effizienz: Die Leitlinien der beiden Unternehmen

Unternehmens- und Umweltleitlinien der BLANCO

Über den Tag und über kurzfristige Erfolgszahlen hinaus zu denken, war schon immer ein wichtiger Grundsatz der Familienunternehmen BLANCO und E.G.O. Betrachten wir zunächst die Unternehmensleitlinien der BLANCO, die 1994 erstmals formuliert worden sind.

Wie sieht das Unternehmen sich selbst? Welche mittel- und langfristigen Ziele werden angestrebt? Wie definieren wir das Verhältnis zu unseren Lieferanten, Kunden, Mitarbeitern und Wettbewerbern? Welchen Qualitätsanspruch haben wir?

Die Leitlinien, inspiriert auch durch die Grundsätze für Geschäftsaktivitäten des Caux Round Table, enthalten Hinweise zu allen Interessengruppen, d.h. Mitarbeiter, Kunden, Lieferanten, Öffentlichkeit, Gesellschaftler und Wettbewerber. Dies ist ungewöhnlich, da in aller Regel Leitlinien nur Verhaltensregeln enthalten, die sich mit Mitarbeiter und Kunden beschäftigen.

- „Wir entwickeln und gestalten als Systemanbieter mit unseren Geschäftsfreunden attraktive und arbeitserleichternde Lösungen für Arbeitsplätze in der Haushaltsküche, der Gemeinschaftsverpflegung und in medizinischen Funktionsbereichen.
- Wir erkennen, wecken und erfüllen Kundenwünsche. Wir schaffen innovative, flexible Lösungen, die in Design, Funktion, Qualität und Service führend sind.
- Wir setzen auf Kompetenz, Engagement und Kreativität unserer Mitarbeiter sowie fortschrittliche und umweltfreundliche Technologien, um immer einen Schritt voraus und weltweit der attraktivste Anbieter zu sein.
- Wir wollen unsere Kunden begeistern."[1]

In allen drei Geschäftsfeldern stehen innovatives Design und optimale Funktionalität der Produkte bei höchsten Qualitätsansprüchen im Mittelpunkt. Der Servicegedanke ist kein werbewirksames Schlagwort, sondern basiert auf vertrauensvollen Beziehungen zu Lieferanten und Kunden.

Deren Zufriedenheit ist letztlich das oberste Ziel des unternehmerischen Handelns. Von Fairness ist sowohl das Verhältnis zu den Mitarbeitern im In- und Ausland als auch zu den anderen Interessengruppen geprägt.

Die Umweltdiskussion setzte verstärkt in den 1980er Jahren ein und seit dieser Zeit arbeitet BLANCO mit Nachdruck an Verfahren, die Umwelt und Ressourcen schonen. In den 1997 formulierten Umweltleitlinien heißt es: „Bewahrung und Schutz unserer Umwelt ist Bestandteil der Unternehmenspolitik. Wir sind uns bewusst, dass nur durch konsequente Berücksichtigung ökologischer Erfordernisse der wirtschaftliche Erfolg des Unternehmens auf Dauer gesichert werden kann."

Bereits die Unternehmensleitlinien gingen ausführlich auf das Thema Umwelt ein: „Unsere Produkte und Verfahren sollen umweltfreundlich und ressourcenschonend sein … Wir wollen fortschrittlich sein beim Schutz und der Verbesserung unserer Umwelt … Durch aktiven Umweltschutz zeigen wir, dass Ökonomie und Ökologie keinen Widerspruch darstellen."[2]

Neben Umweltverträglichkeit legt BLANCO viel Wert auf Langlebigkeit und Wiederverwendbarkeit seiner Produkte. Bei der Auswahl der Lieferanten erhalten jene den Vorzug, die den qualitativen und ökologischen Ansprüchen BLANCOs gerecht werden können.

BLANCO ist Mitglied des Bundesdeutschen Arbeitskreises für umweltbewusstes Management (B.A.U.M.), einer Organisation von Unternehmen, die sich in Politik und Wirtschaft für nachhaltigen Umweltschutz einsetzt.

Tradition und Innovation in den E.G.O.-Unternehmensleitlinien

Die Unternehmensleitlinien der E.G.O. weisen zahlreiche Parallelen zu den Leitgedanken von BLANCO auf, was angesichts der gemeinsamen Tradition als Familienunternehmen mit starkem Bezug auf die ethischen Grundsätze der Firmengründer Karl Fischer und Heinrich Blanc auch nicht verwundert.

Von der Beschreibung der Kernkompetenz des Unternehmens – „der Umwandlung, Steuerung und Regelung der elektrischen Energie für Haushalt und Gewerbe: zum Kochen, Backen, Heizen, Waschen, Trocknen" – wenden sich die Leitlinien der E.G.O. rasch den Kunden und deren Wünschen zu:

„Was wären wir ohne unsere Kunden? Gemeinsam mit ihnen erarbeiten wir optimale Lösungen … Dabei legen wir besonderen Wert auf enge Kontakte unserer Mitarbeiter/-innen zu unseren Kunden, weil durch Zusammenarbeit Energien freigesetzt werden, die beiden Seiten zugute kommen, weil wir nur so für unsere Kunden ein echter Partner sein können."

Partnerschaft ist nicht nur im Hinblick auf die Kunden und Lieferanten ein zentraler Begriff der Leitlinien, sondern auch innerhalb des Betriebes: „Die hohe Identifikation unserer Mitarbeiter und Mitarbeiterinnen mit dem Unternehmen … ist Voraussetzung für unsere Leistungsfähigkeit", denn: „Ein Unternehmen ist dann lebendig, wenn die Menschen dort gerne arbeiten – mit Engagement und Energie." Dies erreicht das Unternehmen, indem es seinen Mitarbeitern „Vertrauen entgegenbringt", sie fördert und ihnen „die Möglichkeit gibt, sich weiterzuentwickeln".[3] Für E.G.O. ist es wichtig, dass „unsere Kunden … anspruchsvolle, zuverlässige, preiswürdige und umweltfreundliche Produkte und bestmögliche Leistungen erhalten".

Bestmögliche Leistung bedeutet aber permanente Forschungs- und Entwicklungsarbeit, denn: „Ohne Innovation kein technischer Fortschritt. Ohne technischen Fortschritt keine Weiterentwicklung. Ohne Weiterentwicklung kein Wachstum. Innovation in allen möglichen Formen ist die Triebkraft unseres Unternehmens." – „Aber Innovation ist kein Wert an sich. Innovation muss sich an den Bedürfnissen der Endverbraucher orientieren. Dadurch verbessert sich deren Lebensqualität. Genau das wollen wir erreichen." Damit setzen die aktuellen Leitlinien das fort, was sich Firmengründer Karl Fischer zum Ziel gesetzt hat. Heinz Treffinger, über viele Jahre engster Mitarbeiter Fischers und als Direktor in leitenden Positionen bei der E.G.O. tätig, sagt hierzu: „Fischers Vision, mit höchstem Engagement Produkte zu entwickeln, die durch den Einsatz elektrischer Energie die Hausarbeit erleichtern, prägt die E.G.O. bis heute."[4]

2001 wurde das Unternehmen für besonders innovative Leistungen zu den TOP 100 Unternehmen in Deutschland gewählt.

E.G.O. ist ein global tätiges und in seinen Hauptgeschäftsfeldern führendes Unternehmen. Internationales Engagement bedeutet „kulturelle Vielfalt" und faire Partnerschaft mit den Kunden und Mitarbeitern weltweit, aber auch permanenten Wandel. Um in diesem dynamischen Umfeld erfolgreich zu sein, sind Flexibilität und Weltoffenheit unerlässlich. In den Leitlinien heißt es hierzu: „Wir begrüßen neue Herausforderungen als Chance, unsere Fähigkeiten, unsere Organisation und damit unsere Position am Markt ständig weiterzuentwickeln."

Für E.G.O. hat der Umweltschutz – auch hier wieder eine Parallele zu BLANCO – eine zentrale Bedeutung: „Wir sehen den Schutz und die Erhaltung der Umwelt als integralen Bestandteil unserer Unternehmenspolitik an. Wir sind uns bewusst, dass ohne konsequente Berücksichtigung ökologischer Erfordernisse der wirtschaftliche Erfolg unseres Unternehmens auf Dauer nicht gesichert werden kann."[5] Umweltschutz wird somit nicht als mehr oder weniger notwendiges Übel angesehen, etwa um gesetzliche Bestimmungen zu erfüllen, sondern als integraler Bestandteil der nachhaltigen Unternehmensstrategie. Deshalb setzt die E.G.O. seit Jahrzehnten auf umweltschonende und ressourcensparende Technologien und wurde hierfür vom Ministerium für Umwelt und Verkehr Baden-Württemberg ausgezeichnet. Langlebigkeit der Produkte und Recyclingfähigkeit des Materials sind unter diesen Prämissen wichtige Qualitätsmerkmale.

E.G.O. fördert konsequent das Verantwortungsbewusstsein seiner Mitarbeiter hinsichtlich Umwelt- und Arbeitsschutz „durch gezielte Aus- und Weiterbildung ... auf allen Ebenen". Auch hier gilt die Prämisse: ohne partnerschaftliches Miteinander können wir nicht erfolgreich sein. Bei der Auswahl der Lieferanten erhalten diejenigen den Vorzug, die die ökologischen Ansprüche E.G.O.s erfüllen. Kunden und Öffentlichkeit werden ständig in Form einer „offenen und dialogorientierten Informationspolitik" über den „ökologischen Standard unseres Produktionsprogramms" unterrichtet.

Ausbildung – Investition in die Zukunft

E.G.O. begann mit der Ausbildung in den 1930er Jahren. Kreativitätsunterricht und Aufenthalte für Lehrlinge in Frankreich waren in den 50er Jahren ungewöhnlich; aber noch heute nehmen Auszubildende das Angebot gerne an, in französischen Unternehmen ein Praktikum zu absolvieren.

Das Unternehmen gehört zu den Gründungsmitgliedern der Berufsakademie (BA) Karlsruhe und seit 2002 zu den „besten Arbeitgebern des deutschen Mittelstands" (TOP Job). Für die faire Behandlung von qualifizierten

Hochschulabsolventen darf E.G.O. die vom Verlag Handelsblatt verliehene Auszeichnung „Fair Company" führen.

Die Ausbildungsquote ist überdurchschnittlich hoch, aber auch um die Jugendlichen ohne Ausbildungschance hat sich das Unternehmen verdient gemacht. In der Metallindustrie Baden-Württembergs ist E.G.O. erfolgreich führend in der Förderung dieser Personengruppe.

Hinzu kommt die Kooperation mit vielen Schulen in der Region und die Ausschreibung des jährlichen Karl-Fischer-Preises zur Förderung von Schülern insbesondere in mathematisch-naturwissenschaftlichen Fächern und im Umweltschutz. Kooperationsverträge bestehen auch mit deutschen und ausländischen Hochschulen, wobei das Ziel ist, an jedem Produktionsstandort weltweit eine solche Vereinbarung mit einer Hochschule abzuschließen und den Studentenaustausch zu intensivieren.

Grundausbildung der „Lehrlinge", 1950er Jahre

Der „BLANCO-Kreisel" mit dem Verwaltungsgebäude

8. Weinbaugemeinde Oberderdingen entwickelt sich dank BLANCO und E.G.O. zum bedeutenden Industriestandort

„Oberderdingen liegt am Übergang vom Kraichgau in den Naturpark Stromberg, einer schönen, durch gute Böden und ein mildes Klima verwöhnten Landschaft. Weinbau hat hier eine lange Tradition. Und die alte Weisheit gilt: Wo guter Wein wächst, entsteht Lebensfreude und Kultur. Oberderdingen ist ein solcher gesegneter Ort."[1]

Heute ist die mittlerweile ca. 10000 Einwohner zählende Gemeinde nicht mehr ausschließlich für guten Wein bekannt. Mitte der 1920er Jahre begann Oberderdingens Entwicklung zu einem bedeutenden Industriestandort im Kraichgau, wie der Heimatkreis Oberderdingen 1991 mit einer bemerkenswerten Ausstellung in der Aschingerhalle gezeigt hat.[2]

Maßgeblichen Anteil an dieser Entwicklung hatten die heute weltweit agierenden Unternehmen BLANCO und E.G.O. Im Jahre 1925 gründete Heinrich Blanc, aus dem Ortsteil Großvillars stammend, in Oberderdingen seine Metallwarenfabrik Blanc&Co. Ein weiterer Glücksfall für den Ort war die Begegnung Blancs mit Karl Fischer und die Umsiedlung der Elektro-Gerätebau GmbH 1931 von Oberweiler in den Kraichgau. Man entschied sich für Oberderdingen, obwohl es hier weder einen direkten Bahnanschluss noch ein leistungsfähiges überörtliches Straßennetz gab. Oberderdingen war also ein ländlicher und verkehrstechnisch eher abgelegener Ort.

Dank der einzigartigen Erfolgsgeschichte der beiden Unternehmen entwickelte sich Oberderdingen zu einem bedeutenden Gewerbestandort, der mehreren Tausend Menschen Arbeit bietet. Nach dem Zweiten Weltkrieg begann eine Zeit des starken Wachstums hinsichtlich Produktion, Umsatz und Mitarbeiterzahl. Anfang der 1970er Jahre beschäftigte die E.G.O rund 6300 und BLANCO rund 1700 Mitarbeiter. Die Folgen der „Ölkrise" 1973 führten zwar auch bei den beiden Oberderdinger Unternehmen zu einem schmerzlichen Abbau der Mitarbeiterzahlen, doch nach der erfolgreichen Konsolidierung setzte sich der Aufwärtstrend bis heute fort. Viele Familien sind schon seit Generationen mit BLANCO und E.G.O. verbunden.

Wie stark die regionale Verwurzelung ist, zeigt beispielhaft ein Zitat aus einer E.G.O.-Werkszeitung Mitte der 1990er Jahre: „Heute sind ca. 4 000 Mitarbeiter aus 79 Gemeinden in den verschiedenen E.G.O.-Werken beschäftigt. Dabei kommen 86 Prozent der Beschäftigten aus zehn Gemeinden."[3]

Die beiden Firmen pflegten von jeher den engen Kontakt zu den Mitarbeitern ebenso wie zu der Heimatgemeinde, wie nicht zuletzt das soziale Engagement Heinrich Blancs und Karl Fischers zeigen. So weiß Frank Straub über seinen Großvater zu berichten: „Heinrich Blanc fühlte sich als Nachkomme von Waldensern, deren Vorfahren 1699 (als Glaubensflüchtlinge aus dem Piemont) nach Großvillars eingewandert waren, mit seiner Heimat immer engstens verbunden. Diese Verbundenheit ist auch noch heute Teil unserer Firmenphilosophie."[4] Es ist somit keine Leerformel, wenn in den Unternehmensleitlinien von BLANCO der Satz steht: „Wir nehmen in unserer Region im Rahmen unserer Möglichkeiten soziale Verantwortung wahr."[5]

Auch für Karl Fischer ist Oberderdingen rasch zur zweiten Heimat geworden und es war für ihn ebenso selbstverständlich wie für Heinrich Blanc, die Kontakte zur Gemeinde zu pflegen und Fürsorge für die Mitarbeiter und ihre Familien zu zeigen.

Oberderdingens Bürgermeister Thomas Nowitzki sieht dies ähnlich, wenn er anlässlich des 75jährigen Firmenjubiläums 2006 bemerkt: „Die starke Verwurzelung am Standort Oberderdingen, mit den Menschen in unserer Region, ist Teil der von den Firmengründern gelebten Tradition und Grundlage des Erfolgs auch in der Zukunft. Denn nur wer wie eine Pflanze starke Wurzeln hat, überlebt die Stürme der Zeit. Dies gilt auch in der globalisierten Welt der Wirtschaft!"[6]

Für ihre herausragenden unternehmerischen Leistungen, aber auch aufgrund ihrer engen Verbindung mit Oberderdingen und ihrer sozialen Verantwortung wurden Heinrich Blanc und Karl Fischer zu Ehrenbürgern der Gemeinde ernannt. Am 100. Geburtstag Heinrich Blancs im Jahre 1996 erhielt die Grundschule seines Geburtsortes Großvillars den Namen „Heinrich-Blanc-Schule".

Nicht zu unterschätzen ist auch, dass BLANCO und E.G.O. ein gutes Klima für die Gründung weiterer mittelständischer Unternehmen in dieser Region geschaffen haben. Viele örtliche Geschäfte gründen ihre Existenz zudem auf die Belieferung der beiden Großunternehmen. Die stetige wirtschaftliche Expansion brachte Oberderdingen erhebliche Steuereinnahmen und den hier lebenden Familien einen gesicherten Wohlstand.

Hinzu kommt der kommunale Einkommenssteueranteil der bei BLANCO und E.G.O. beschäftigten Menschen. Diese Mittel wurden in den Ausbau der Infrastruktur und in zahlreiche öffentliche Gebäude investiert.

„BLANCO SPÜLT AUCH DURSTIGE KEHLEN"

„1200-Jahr-Feier in Oberderdingen! Ein großes Ereignis für die rund 3900 Einwohner zählende Gemeinde. Schon vor Monaten wurden von der Gemeindeverwaltung und den Bürgern Festvorbereitungen der verschiedensten Art getroffen, um den zahlreich erwarteten Besuchern aus nah und fern für die Festtage im Juli 1966 ein umfangreiches Programm bieten zu können. Eine dieser Vorbereitungen war die Gestaltung eines Festzuges, der sich am Sonntag, den 10. Juli gegen 14.30 Uhr am Derdinger Rathaus in Bewegung setzte."[7] Und auch das Wetter spielte mit an diesem Tag im Sommer des Jahres 1966. Die Sonne strahlte vom Himmel. Ein großes Aufgebot an Gruppen, Wagen und Musikkapellen zog an Tausenden von Zuschauern vorbei durch die Straßen.
Nach dem Motto „Derdingen früher und heute" bestand der Festzug aus einem historischen und einem aktuellen Teil. So erinnerte man an die Pestepidemie 1439, den Bauernkrieg 1525, der Dreißigjährige Krieg, die Ansiedlung der Waldenser oder die napoleonischen Kriege. Das Thema „Derdingen heute" gestalteten die ortsansässigen Bauern, Handwerker, Weingärtner und Firmen. Eine besondere Attraktion war der „BLANCO-Wagen", ein zum fahrenden Getränkeausschank umfunktionierter und festlich geschmückter Sattelschlepper. „Hinten hatte man noch, zum allgemeinen Schmunzeln der Menge, eine BLANCO-Spüle mit dem zarten Hinweis, ‚BLANCO spült auch durstige Kehlen' angebracht." Die kühlen Getränke wurden an dem heißen Festtag natürlich dankbar angenommen.

Fließbandmontage von Regulierschaltern, um 1950

9. Tradition und Innovation – Die Familienunternehmen BLANCO und E.G.O.

Die Forschung hat sich gerade in den letzten Jahren verstärkt dem Thema der Familienunternehmen zugewandt, also jener Unternehmensform, die durch den engen Bezug zu einer Familie oder zu mehreren Familien gekennzeichnet ist. Dieses späte Interesse mag verwundern, sind doch nach einer internationalen Studie ca. 70 Prozent aller Unternehmen mit einem Jahresumsatz von bis zu 50 Millionen Euro[1] als Familienunternehmen zu bezeichnen. Selbst 30 Prozent der Unternehmen mit über 250 Millionen Euro Jahresumsatz gehören zu diesem Typus.

Vielleicht liegt die verstärkte Aufmerksamkeit an dem Unbehagen bezüglich gewisser Entwicklungen der überwiegend vom Kapitalmarkt abhängigen Unternehmen. Das Prinzip des „Shareholder Value" der Aktiengesellschaften und der Zwang des Managements zu kurzfristigen Erfolgsmeldungen in Form von Gewinnsteigerungen, Marktdurchdringung und Produktneuheiten erfordert ein unternehmerisches Handeln, das nicht immer an strategischen Entwicklungen ausgerichtet ist oder sein kann. Der häufige Austausch von Top-Managern, Strategiewechsel und Produktionsverlagerungen sorgt für Unruhe innerhalb des Unternehmens ebenso wie bei den Anlegern und in der Öffentlichkeit. Das Image der Aktiengesellschaften und ihrer leitenden Mitarbeiter hat darunter stark gelitten, auch wenn natürlich Medienberichte über besonders krasse Einzelfälle leicht zu Verallgemeinerungen führen.

Was unterscheidet nun die Familienunternehmen von anderen Organisationsformen? Ist diese Wortverbindung nicht schon durch die ganz unterschiedlichen Prinzipien von „Familie" und „Unternehmen" ein Widerspruch in sich? Wie lassen sich die auf Tradition, Kontinuität, persönliche Bindung und Fürsorge ausgerichteten Werte einer Familie in Einklang bringen mit dem Innovationszwang, Konkurrenzdenken und permanenten Erfolgsdruck eines Unternehmens?

Bei der Beantwortung dieser Fragen wollen wir uns zunächst nicht auf die inzwischen umfangreiche Literatur stützen, sondern BLANCO und E.G.O. als bemerkenswerte Beispiele heranziehen.

Familienunternehmen werden in aller Regel durch die Gründer geprägt. Auch wenn das Unternehmen bereits über mehrere Generationen erfolgreich betrieben wird, ist doch immer wieder der „Geist" des Gründers zu spüren. Sei es explizit durch den Bezug auf Tradition und Geschichte im unternehmerischen Leitbild oder – noch nachhaltiger – durch ein Klima der Harmonie, den persönlichen Umgang im Betrieb, soziale und kulturelle Leistungen für die Belegschaft und vieles mehr.

Heinrich Blanc und Karl Fischer stehen in dieser Tradition starker Persönlichkeiten mit zeitbedingt durchaus eigenwilligen, ja patriarchalischen Zügen. Sie haben nicht nur überaus erfolgreiche Unternehmen gegründet, sondern viele Tugenden gelebt, die heute als besondere „Wettbewerbsvorteile" von Familienunternehmen gelten: hoher persönlicher Einsatz, absolutes Qualitätsdenken, Sorge um den Betrieb als Ganzes mit seinen Mitarbeitern und deren Familien, enge und zum Teil auch freundschaftliche Kontakte zu den Kunden und Lieferanten.

Das geht weit darüber hinaus, was heute unter dem Begriff „Service" Eingang in alle Unternehmensbroschüren gefunden hat. Neben dem – für erfolgreiche Firmen selbstverständlichen – Streben nach Qualität der Produkte und Schnelligkeit der Belieferung sind personale Beziehungen auf Langfristigkeit angelegt. Dies wiederum schafft ein Klima des gegenseitigen Vertrauens. Und ist es nicht gerade mangelndes Vertrauen, das in „modernen" Geschäftsbeziehungen immer wieder beklagt wird?

Gerade dieser letzte Aspekt wird heute als große Stärke von Familienunternehmen gekennzeichnet. Hier ist besonders deutlich spürbar, wie die „Personenorientierung der familiären Kultur"[2] die geschäftlichen Kontakte innerhalb des Unternehmens beeinflusst. Karl Fischer hat in diesem Zusammenhang den Begriff des „Dienens" in den Mittelpunkt seines unternehmerischen Handeln gestellt.

Ein anderer Aspekt hängt damit eng zusammen: In vielen modernen Unternehmen begegnet uns heute das „Projektteam", dem aufgrund seiner inneren Bindung, weitgehenden Autonomie und Zielorientierung eine hohe Motivation und Identifikation mit seiner Aufgabe bescheinigt wird. Dieser „Teamgeist" ist in der Familie bereits fest verankert und muss nicht von außen in das Unternehmen getragen werden. Ein Drittes ist zu nennen: In großen Kapitalunternehmen kommt es viel häufiger zu Veränderungen im Top-Management als in Familienunternehmen. Auch spielen Faktoren wie Langfristigkeit, Verlässlichkeit und Vertrauen hier eine sehr große Rolle. Sind Familienmitglieder selbst in führenden Positionen tätig, kann diese besondere affektive Bindung vorausgesetzt werden. Aber auch von den hier tätigen „externen" Managern wird eine entsprechende Haltung erwartet, worauf schon bei der Stellenbesetzung großer Wert gelegt wird.

Während BLANCO ein Familienunternehmen im klassischen Sinne mit dem Gründer Heinrich Blanc an der Spitze darstellt, weist E.G.O. eine Besonderheit auf: Hier haben sich zwei markante Persönlichkeiten – Karl Fischer und Heinrich Blanc – zusammengefunden, um gleichberechtigt eine gemeinsame Firma zu führen. Auch Blanc, von dem die Initiative für ein erstes Treffen ausging, erkannte das enorme Potenzial für elektrische Kochplatten – im Jahr 1931 angesichts der minimalen Marktanteile des Elektroherdes durchaus keine Selbstverständlichkeit! Hinzu kamen seine hervorragenden Kontakte zur Herdindustrie, was dem Unternehmen und seinen innovativen Produkten am neuen Standort sehr gute Startbedingungen eröffnete.

Heinrich Blanc erkannte natürlich die besonderen Fähigkeiten und die langfristige Strategie Fischers und hielt sich deshalb weitgehend zurück, wenn es um die Entwicklung neuer Produkte bei der E.G.O. ging. Durch die zahlreichen Pionierleistungen Karl Fischers auf dem Gebiet des elektrischen Kochens ist die E.G.O. auch viel enger mit seinem Namen als dem seines Partners verbunden. Schließlich hatte Heinrich Blanc mit der BLANCO ebenfalls ein großes und dynamisches Unternehmen zu führen.

Diese Dynamik führte beide Unternehmen nach 1945 zur Marktführerschaft in ihren jeweiligen Produktbereichen, wie wir bereits wissen. Nach jahrzehntelanger erfolgreicher Entwicklung kam es 1974 zu einer ernsten Krise der BLANCO, die durch die Eingliederung in die E.G.O.-Gruppe überwunden werden konnte. Die beiden großen Oberderdinger Familienunternehmen sind seither unter einem gemeinsamen Dach vereint.

Wenn wir abschließend die Vorteile der Familienunternehmen zusammenfassen, so finden wir eine weitgehende Übereinstimmung zwischen der allgemeinen Theorie und der E.G.O.-Gruppe:

- Grundlage des Unternehmenserfolges ist die hohe Qualität der hergestellten Produkte und das permanente Streben nach echten Innovationen im Unterschied zu werbewirksamen „Neuheiten".
- Die Orientierung an Personen ist in der Familie bereits angelegt. Erfolgreiche Familienunternehmen zeichnen sich durch besonders enge

und persönliche Kontakte zu den Kunden und Lieferanten aus. Serviceorientierung ist für sie weit mehr als ein Schlagwort.

- Alle Mitarbeiterinnen und Mitarbeiter – nationale wie internationale – werden als Teil des familiären Unternehmens gesehen und geachtet. Leitbilder und ethische Grundsätze bestärken diesen Grundsatz.
- Vertrauen und Verlässlichkeit, wiederum in Verbindung mit den handelnden Personen, sind zentrale Eigenschaften dieser Unternehmensform. Ähnlich wie in der Familie sind die geschäftlichen Beziehungen auf Langfristigkeit und Nachhaltigkeit angelegt. Auf der Führungsebene kommt es deshalb auch weniger häufig zu Wechseln als bei anderen Unternehmen.
- Die Verantwortung der Familienunternehmen bezieht sich auch auf die Umwelt. Auch hier gilt der Grundsatz der „Nachhaltigkeit".
- Weitgehende Unabhängigkeit vom Kapitalmarkt aufgrund eines hohen Eigenkapitalanteiles ist die Voraussetzung für die Verfolgung langfristiger strategischer Ziele. Familienunternehmen können über den Tag hinaus und unabhängig von Aktienkursen denken und planen.

Diese idealtypisch dargestellten Merkmale von Familienunternehmen bedeuten selbstredend keine Erfolgsgarantie. Es sind strukturell angelegte Chancen auf Wettbewerbsvorteile, die auch genutzt werden wollen.

Andererseits sind Familienunternehmen aufgrund ihrer spezifischen Struktur auch besonderen Gefährdungen ausgesetzt: Die einseitige Berufung auf die Tradition und Geschichte kann zu Hemmnissen bei der Anpassung an neue Marktentwicklungen führen. Die Nachfolgeregelung, besonders nach Abtreten bzw. Tod des dominanten Gründers, ist ebenso als kritischer Faktor zu nennen wie die Abhängigkeit von harmonischen Strukturen innerhalb der Unternehmensfamilie. Dies wiederum setzt voraus, dass die mit den Generationen auch zahlenmäßig wachsende Familie offene Kommunikationsformen pflegt und durch regelmäßige Information und Austausch mit dem Unternehmen verbunden bleibt – ökonomisch wie emotional. Hierzu dienen beispielsweise die jährlichen Gesellschafterversammlungen.

Schauen wir uns in diesem Zusammenhang die aktuelle Organisationsstruktur der E.G.O.-Gruppe etwas genauer an.

ORGANIGRAMM

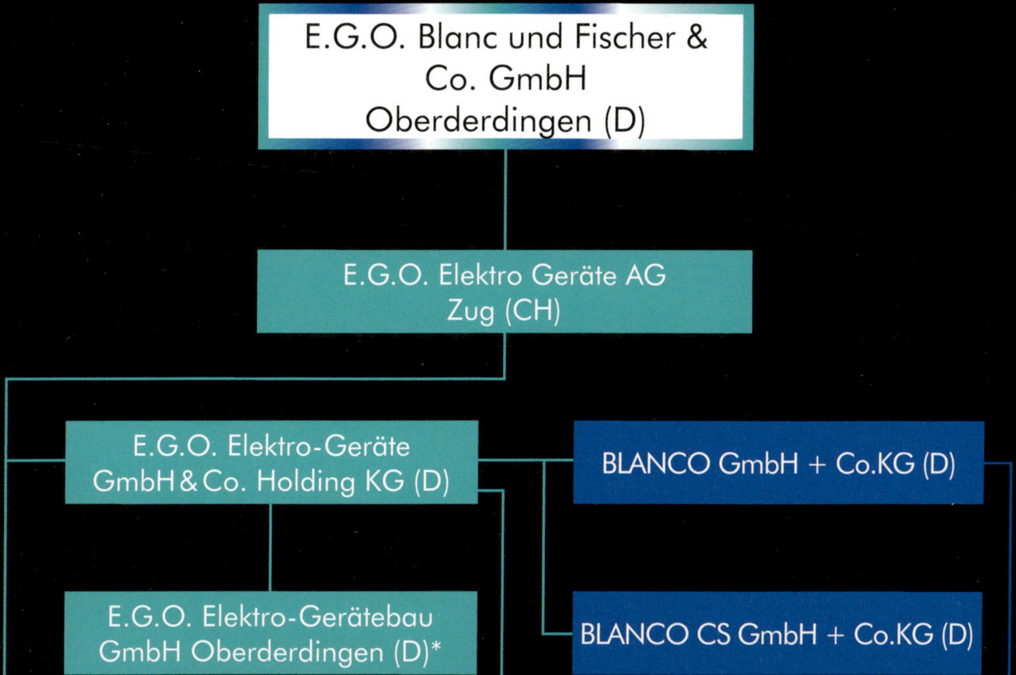

Marksteine der Entwicklung von BLANCO und E.G.O.

20.1.1925 Heinrich Blanc gründet in Oberderdingen die Fa. Blanc&Co. und beginnt in zwei Holzbaracken mit der Serienfabrikation von kupferverzinkten Herdwasserschiffen für Kohleherde.

1925 Karl Fischer gründet in seinem Heimatort die „Schwarzwälder Zangenkontakt-Werkstätte Oberweiler". Er entwickelt und produziert zunächst elektrische Stecker, Steckdosen und Zuleitungen.

1927 Die Firma Blanc&Co. kann nach der erfolgreichen Gründungsphase eine massiv gebaute Fabrikhalle in Oberderdingen beziehen.
Umbenennung der Firma Karl Fischers in „Elektro-Gerätebau GmbH Oberweiler". Die Produktpalette wird erheblich erweitert: Einzel- und Doppelkochplatten, Elektroherde, Elektrobacköfen für Haushalt und Gewerbe sowie Heißwasserboiler gehören jetzt zum Sortiment.
Karl Fischer wird mit seinem noch kleinen Unternehmen zu einem „Pionier der Elektrowärme" in Deutschland.

1928 BLANCO nimmt Wärmflaschen aus Kupfer in das Sortiment auf.

20.2.1931 Heinrich Blanc schreibt eine Postkarte an Karl Fischer in Oberweiler und fragt an, ob dessen Firma elektrische Heizkörper für Warmwasserspeicher anfertigen könne. Nach der positiven Antwort kommt es rasch zu einem Treffen der beiden Unternehmer.

1931 Heinrich Blanc wird gleichberechtigter Gesellschafter der „Elektro-Gerätebau GmbH Oberweiler". Die Produktion wird im September 1931 nach Oberderdingen verlegt. Die E.G.O. konzentriert sich auf Komponenten für Elektroherde wie Kochplatten oder Schalter.

1933 Die E.G.O. produziert 57000 elektrische Kochplatten – eine Steigerung um 25 Prozent gegenüber dem Gründungsjahr 1931. Die Beschäftigtenzahl ist auf knapp 70 gestiegen.

1934 Auch die BLANCO verzeichnet ein kräftiges Wachstum und beschäftigt bereits über 100 Menschen.

1936 Karl Fischer entschließt sich, den Guss für seine Kochplatten aus Qualitätsgründen selbst herzustellen und investiert in einen modernen Hochfrequenz-Schmelzofen.

1925

1925 Oberderdingen hat knapp 2000 Einwohner.

1930/32 Weltwirtschaftskrise mit Massenarbeitslosigkeit und zunehmender Radikalisierung der politischen Auseinandersetzung in Deutschland. Die NSDAP wird zur stärksten Partei im Reichstag.

1933 Adolf Hitler wird Reichskanzler. Machtergreifung und Gleichschaltung des öffentlichen und wirtschaftlichen Lebens durch die Nationalsozialisten.

1936 Olympische Spiele in Berlin.

Im gleichen Jahr entwickelt er den leichten Heizring mit deutlich kürzeren Anwärmzeiten im Vergleich zur schweren Kochplatte.

1937 E.G.O. beschäftigt bereits 250 Mitarbeiter.
BLANCO stellt die gesamte Produktion auf Reinaluminium als Ausgangsmaterial um. Wasserbecken und Schöpflöffel werden u.a. in das Sortiment aufgenommen.

1938 Die E.G.O. bringt den Einzelkocher als kostengünstigen Einstieg in die elektrische Küche auf den Markt.
Die stetige Expansion der BLANCO macht den Bau eines separaten Verwaltungsgebäudes erforderlich.

1939 Auch BLANCO und E.G.O. müssen ihre Produktion verstärkt auf Rüstungsgüter umstellen.

1940 Für die inzwischen über 300 Mitarbeiter der E.G.O. wird eine Kantine eingerichtet.

1942 Bau einer großen Pressenhalle durch BLANCO mitten im Krieg. Mit einer großen Spindelpresse werden für die Herdindustrie Großkoch-Innenkessel 100–600 l aus Stahlblech gefertigt.

1945 Zusammenbruch und Neuanfang nach Ende des Zweiten Weltkrieges.
Die amerikanische Besatzungsmacht setzt Henry Ehrenberg als gemeinsamen Treuhänder von BLANCO und E.G.O. ein.

Sept. 1945 Die E.G.O. nimmt die Produktion von Kochplatten mit 219 Mitarbeitern unter schwierigsten Bedingungen wieder auf.

Okt. 1945 Auch die BLANCO kann unter der Treuhänderschaft wieder produzieren. Es werden Geräte für die Milchwirtschaft, v.a. große Transportkannen aus „Anticorodal" für die amerikanischen Truppen hergestellt.

1946 Eröffnung eines Werkes der E.G.O. in Silberg, Sauerland.
Karl Fischer führt die sogenannte „Urlaubsverschickung in den Schwarzwald" für Mitarbeiter der E.G.O. ein.

1947 Aufnahme von Metzgereiartikeln in das Sortiment der BLANCO. Auch die „Kernprodukte", Herdwasserschiffe und Wärmflaschen, werden wieder gefertigt.

1948 BLANCO expandiert stark und baut ein Werk in Sulzfeld, in dem zunächst Herdwasserschiffe und in den 50er Jahren Edelstahl-Spültische produziert werden. Die Mitarbeiterzahl des Unternehmens ist auf rund 300 angestiegen.
BLANCO beteiligt sich mit großem Erfolg an der ersten Exportmesse in Hannover.

1948

1939 Mit dem Beginn des Zweiten Weltkrieges wird die gesamte deutsche Wirtschaft den nationalsozialistischen Kriegszielen untergeordnet.

1939–1945 Zweiter Weltkrieg und weitgehende Umstellung der industriellen Produktion auf die „Kriegswirtschaft". Zwangsarbeiter aus den eroberten Gebieten werden der Industrie zugewiesen.

8.5.1945 Bedingungslose Kapitulation des Deutschen Reiches und anschließende Aufteilung Deutschlands in vier Besatzungszonen. Der Krieg forderte weltweit 60 Millionen Opfer.

1945–1947 Nach dem weitgehenden Stillstand des öffentlichen und wirtschaftlichen Lebens in den ersten Nachkriegsmonaten beginnt der mühsame Wiederaufbau.

21.6.1948 Die Währungsreform mit Einführung der Deutschen Mark in den drei westlichen Besatzungszonen schafft die Grundlage für das „Wirtschaftswunder" in der späteren Bundesrepublik.

1950 BLANCO startet mit der Fertigung von Produkten für die Großküche.
1951 Die E.G.O. beginnt mit der Produktion von Stabtemperaturreglern für den Backofen.
1952 Auf der Kölner Messe präsentiert BLANCO erstmals Spültische aus rostfreiem Edelstahl. Damit beginnt die eigentliche Erfolgsgeschichte des Unternehmens nach dem Krieg.
Die E.G.O. entwickelt Kochplatten mit Edelstahlüberfallrand. Dieses bahnbrechende Produkt war der Grundstein für den Erfolg des Elektroherdes.
Die Mitarbeiterzeitschrift „Du und der Betrieb" geht in Druck.
1953 Erstmals wird bei der E.G.O. die Mitarbeiterzahl von 1 000 überschritten.
Die Gießerei II nimmt den Betrieb auf.
1954 Das rasante Wachstum der E.G.O. macht den Bau des Werkes Sternenfels und von Werk II in Oberderdingen erforderlich. Weiterer Anstieg der Mitarbeiterzahl auf 1 500.
Die „Blitzkochplatte" kommt auf den Markt.
1956 Für Großküchen fertigt BLANCO auch Speisen-Transportbehälter aus Edelstahl. Die spätere Catering-Abteilung hat hier ihren Ursprung und wird systematisch ausgebaut.
1957 E.G.O. nimmt die Produktion von Rohrheizkörpern und Kapillarrohrthermostaten auf.
1958 Die E.G.O. entwickelt eine Kochplatte mit eingebautem Temperaturschutz.
Es werden weitere Werke in Sulzfeld und Eichtersheim gegründet.
1959 Die Jahresproduktion bei BLANCO erreicht 100.000 Spülen, die Zahl der Mitarbeiter steigt auf über 500 an.
1960 Einführung der Datenverarbeitung bei BLANCO mittels Lochkartenmaschinen von IBM.
Im italienischen Novara bei Mailand gründet die E.G.O. ihre erste ausländische Produktionsgesellschaft.
1961–1962 Die E.G.O. eröffnet Werke in Weiler, Freudenstadt, Kirrlach und Wiesental.
1961 Mit dem neuen Werk in Michelfeld erweitert BLANCO die Kapazität bei der Herstellung von Spülen. Im kommenden Jahr folgt eine Fertigungsstätte in Kronau.

1949

1948–1949 Während der Blockade West-Berlins durch die Sowjetunion versorgen Flugzeuge der westlichen Alliierten die Stadt.
23.5.1949 Verkündigung des Grundgesetzes für die Bundesrepublik Deutschland. Bonn wird „provisorische" Hauptstadt.
14.8.1949 Konrad Adenauer wird Bundeskanzler. Wirtschaftsminister Ludwig Erhard entwickelt das Konzept der „Sozialen Marktwirtschaft".
Dez. 1952 Sowohl in der Bundesrepublik als auch in der DDR werden die ersten Fernsehgeräte verkauft.
1954 Das „Wunder von Bern": Deutschland wird als krasser Außenseiter Fußballweltmeister.
5.8.1955 Der einmillionste „Käfer" verlässt die Werkshalle von Volkswagen in Wolfsburg.
25.3.1957 Mit Unterzeichnung der „Römischen Verträge" wird die Europäische Wirtschaftsgemeinschaft (EWG) ins Leben gerufen.
1959 35 Prozent der deutschen Haushalte verfügen über einen Elektroherd, womit sich der Anteil seit 1953 verdoppelt hat.

Die Automatik-Kochplatte der E.G.O. regelt die Temperatur selbsttätig und energiesparend.

1963 Die Mitarbeiterzeitschrift „BLANCO PRESSE“ geht in Druck.

2.9.1963 Die einmillionste Spüle verlässt das Band von BLANCO. Das Unternehmen erreicht deutschlandweit einen Marktanteil von fast 50 Prozent.

1964 Die Mitarbeiterzahl bei der E.G.O. übersteigt die Zahl von 4000.

7.12.1965 Die zweimillionste Spüle verlässt die Fertigung. Bei BLANCO arbeiten mittlerweile 1400 Menschen.

1967 Eröffnung der Gießerei III im Werk II der E.G.O.

1968 BLANCO richtet in mehreren deutschen Großstädten Vertriebsbüros ein und baut in Sulzfeld eine neue Fertigungshalle für Spülen.

Bei E.G.O. geht der erste Energieregler für Kochplatten in Serienproduktion.

Die E.G.O. Austria Elektrogeräte GmbH wird in Heinfels nahe der italienischen Grenze gegründet.

E.G.O. beginnt die Zusammenarbeit mit der Firma ETA, Cerkno, Slowenien.

1969 Mit insgesamt 5610 Mitarbeitern wird bei der E.G.O. ein vorläufiger Höchststand erreicht.

Gründung der E.G.O. Elektro-Geräte AG Zug/Schweiz als Holding für die weitgespannten internationalen Aktivitäten des Unternehmens.

1971 BLANCO hat bereits über 5 Millionen Spülen produziert. In Oberderdingen wird eine neue Versandhalle gebaut.

Gründung der E.G.O. Regeltechnik GmbH in Sulzfeld

Beginn der Zusammenarbeit mit Elektro-Kontakt in der kroatischen Hauptstadt Zagreb

1972 Einführung des Kontaktheizkörpers für Glaskeramik-Kochfelder durch E.G.O.

1973

1960 Die Beatles beginnen mit Konzerten in Hamburg ihren musikalischen Siegeszug um die Welt.

1961 Der Russe Juri Gagarin fliegt als erster Mensch ins Weltall.

25.8.1967 In der Bundesrepublik wird das erste Farbfernsehgerät in Betrieb genommen.

21.8.1968 Durch den Einmarsch von Truppen der Warschauer-Pakt-Staaten wird der „Prager Frühling“ in der Tschechoslowakei beendet.

21.7.1969 Der Amerikaner Neil Armstrong betritt als erster Mensch den Mond.

Aug. 1969 Das Rockfestival in Woodstock lockt eine halbe Million Menschen an.

21.10.1969 Willy Brandt (SPD) wird zum Bundeskanzler gewählt.

1972 Die olympischen Spiele in München werden durch einen Terroranschlag auf israelische Sportler überschattet.

1973 Die Drosselung der Rohöl-Fördermenge durch die OPEC („Ölembargo“) löst in den Industrieländern die erste Ölkrise aus.

Die Bundesregierung ordnet Ende 1973 vier autofreie Sonntage an.

1974 Der Beschäftigungsstand bei E.G.O. erreicht mit [illegible] Mitarbeitern seine Rekordhöhe. Einführung des stufenlosen Energiereglers für Glaskeramik-Kochfelder.

1974/1975 Aufgrund der Ölkrise müssen beide Unternehmen Kurzarbeit anmelden und Mitarbeiter entlassen.
Die Produktion der E.G.O. liegt 1975 in Teilbereichen um 40 Prozent niedriger als 1973. Bei der BLANCO nimmt die Krise existenzbedrohende Formen an.

1.1.1975 Die E.G.O. beteiligt sich mehrheitlich an der BLANCO GmbH + Co.KG und kann damit die Arbeitsplätze retten.

1976/1977 Die neue Firmenphilosophie der BLANCO führt zur Konzentration auf die drei Produktgruppen Haushaltstechnik, Großverpflegungs- und Medizintechnik.

1977 Für die Beheizung der Glaskeramik-Kochfelder produziert die E.G.O. Strahlheizkörper und für die elektronische Steuerung Touch Controls.

1978 Nach dem Tod von Heinz Blanc wird Heinz Treffinger Vorsitzender des Verwaltungsrates von BLANCO.

1980 Am Standort Newman, Georgia, produziert die E.G.O. jetzt auch in Nordamerika.

1981 Die Spüle entwickelt sich zum multifunktionalen Spülzentrum. BLANCO wird zum Vorreiter in Design, Material und Farbgebung und erhält in den Folgejahren zahlreiche Preise.

1983 Entwicklung des EGOTHERM Heiz- und Steuerungssystems.

1985 Die E.G.O. entwickelt die Dickschicht-Beheizungen als Zukunftstechnologie.
Die neue BLANCO-Pressenhalle geht in Sulzfeld in Betrieb.

1986 Start der Eigenfertigung von SILACRON®-Spülen bei BLANCO. Erstmals wird die 200-Millionen-Umsatzgrenze übersprungen.

1989 Gründung der E.G.O.-Tochter in der Türkei, heute der größte Produzent von Rohrheizkörpern innerhalb der Unternehmensgruppe.

1990/1992 Überdurchschnittliches Wachstum der BLANCO in allen Produktionsbereichen, die Mitarbeiterzahl steigt auf über 1 500 an.

1992 E.G.O. startet mit der Produktion von Induktionskochfeldern.

1993 Mit „EGO HiLight" wird ein weltweiter Standard für Glaskeramik-Kochfelder entwickelt.

1994 Die 25-millionste Haushaltsspüle von BLANCO verlässt das Band.

1974

1974 In Oberderdingen leben 8000 Einwohner.

1977 Die Terroranschläge der Roten Armee Fraktion (RAF) erschüttern Deutschland.

1985 Michail Gorbatschow wird Generalsekretär der Kommunistischen Partei der Sowjetunion und leitet durch seine Politik der „Glasnost" (Offenheit) und „Perestroika" (Umbau) das Ende des Kalten Krieges ein.
Boris Becker gewinnt zum ersten Mal das Tennisturnier von Wimbledon.

9.11.1989 Fall der Berliner Mauer und Öffnung der Grenzen nach Westdeutschland.

3.10.1990 Wiedervereinigung Deutschlands durch den Beitritt der DDR zur Bundesrepublik.

1994 Mit „Touch Control" der E.G.O. wird die Bedienung der Glaskeramik-Kochfelder spielerisch einfach.

1996 Im Zuge des Restrukturierungsprojekts „PRO 96" entstehen bei BLANCO die Geschäftsbereiche Haushaltstechnik, Großverpflegungstechnik und Medizintechnik.

1998 In Bruchsal nimmt BLANCO ein neues Logistikzentrum in Betrieb.
Einstieg der E.G.O. in die Induktionstechnologie.
Gründung der E.G.O. Electrical Components in Shanghai. Das Unternehmen hat sich damit im aufstrebenden chinesischen Markt positioniert. Eine Herausforderung ist die Applikation der eigenen Komponenten an die landestypischen Charakteristika.
Im gleichen Jahr beginnt auch die Produktion der spanischen Tochterfirma.
E.G.O. übernimmt die Control Systems GmbH in Balingen und Barcelona/Spanien.

1999 BLANCO baut das Pressenwerk Sulzfeld zum weltweit modernsten Fertigungsstandort für Edelstahlspülen aus.
Die E.G.O. hat bereits 100 Millionen Energieregler produziert.

2000 BLANCO feiert das 75jährige Bestehen.

2001 Aufnahme der Blendenfertigung mit integrierter Trocknersteuerung (Touch Control hinter Kunststoff) bei E.G.O.

2002 Mit den beiden Unternehmensbereichen Küchentechnik und Catering + Med Systeme stellt sich BLANCO neu auf.
E.G.O. produziert Hochtemperatursensoren für PKW-Katalysatoren.

2004 E.G.O. fertigt elektronische Motorsteuerungen für Waschmaschinen und Trockner.

2005 BLANCO baut seine internationalen Aktivitäten stark aus.
„SteelArt" wird als Top-Linie mit höchsten Ansprüchen an Design und Qualität eingeführt. Es folgen hochrangige Auszeichnungen.

2006 „75 Jahre E.G.O." wird mit zahlreichen Veranstaltungen gefeiert.

2007 BLANCO beschäftigt weltweit ca. 1700 Mitarbeiter und verfügt über zahlreiche internationale Tochtergesellschaften. Der Jahresumsatz beträgt 271 Millionen Euro.
Die E.G.O. ist ein global agierendes Unternehmen mit Produktions- und Vertriebsgesellschaften in über 20 Ländern. Die Mitgliederzahl liegt bei ca. 7100, der Umsatz bei 600 Mio. Euro.

2008 BLANCO eröffnet ein neues Logistikzentrum in Bruchsal.
Bei E.G.O. geht die elektronische Steuerung für Kühlschränke in Serienproduktion.

2008

1998–2005 In der „rotgrünen Koalition" unter Bundeskanzler Gerhard Schröder regieren erstmals die Grünen auf Bundesebene mit.

1.1.1999 Der Europäischen Gemeinschaft (EG) gehören nach der jüngsten Erweiterung 15 Staaten an.

11.9.2001 Das World Trade Center in New York wird durch einen Terroranschlag mit zwei entführten Passagierflugzeugen zerstört. Dabei kommen rund 3000 Menschen ums Leben.

1.1.2002 Einführung des Euro als Zahlungsmittel in den Mitgliedsstaaten der Europäischen Währungsunion.

2005 Mit Angela Merkel (CDU) wird erstmals eine Frau Bundeskanzlerin. Sie führt die zweite Große Koalition mit der SPD an.

2007 In Oberderdingen leben rund 10500 Menschen.

Anhang

Anmerkungen

zu Kapitel 1

1 Literatur hierzu: „Ursprung alles Seins ist das gläubige Ja". Zum 100. Geburtstag von Karl Fischer am 3. März 1993, S. 51ff.; Norbert Fichtlscherer: Geschichtliche Miniaturen aus Badenweiler, 2. Auflage 2004; „Du und der Betrieb" (=E.G.O.-Werkzeitung) vom 28. Februar 1958.

2 Zu Großvillars bzw. Oberderdingen: Gustav Brandauer: Aus unserer Heimat Oberderdingen. Zum 1200. Geburtstag der Gemeinde, 1966 (2. Auflage 1983); Das Viertel der guten Viertele, in: 75 Jahre Blanco, Jubiläumsheft, S. 32f.; 1699–1999. 300 Jahre Waldenser Großvillars.

3 Ursprünglich hieß der Ort wohl Derdingen. Seit 1247 wurde zwischen Ober- und Unterderdingen unterschieden. 1825 gab man der Gemeinde den Namen Oberderdingen, bis dieser dann 1936 in Derdingen vereinfacht wurde. 1964 schließlich änderte man den Namen erneut in Oberderdingen, wenngleich umgangssprachlich die Gemeinde meist weiterhin Derdingen genannt wird.

4 Der Briefwechsel ist dokumentiert in der bereits erwähnten Festschrift „75 Jahre Blanco", Oberderdingen 2000, S. 24f.

zu Kapitel 2

1 „Zum 10jährigen Geschäftsjubiläum der Firma Blanc&Co.", Oberderdingen 1935. Die kleine Festschrift ist von Belegschaftsmitgliedern in Gedichtform abgefasst.

2 Zitiert nach „Du und der Betrieb", Ausgabe vom 29. April 1960.

zu Kapitel 3

1 Tägliche Illinois Staats-Zeitung v. 14. Juli 1893, zitiert nach Klaus Plitzner, „The Amazing Magic that Lives in a Wire. Eine Gegenüberstellung der Welt der Elektrizität in der deutschen „Gartenlaube" und im amerikanischen „Ladies' Home Journal" bis Mitte der 1920er-Jahre mit spezieller Betrachtung des elektrischen Kochens, in: Ders. (Hg.), Elektrizität in der Geistesgeschichte, Bassum 1998, S. 87–104. Friedrich Wilhelm Schindler (1856–1920) gilt als der Wegbereiter der gewerblichen Nutzung der Elektrowärme im Alpenraum mit Wirkung in ganz Europa. Ein Unfall seiner Schwester mit einem Spiritusgerät soll ihn auf den Gedanken gebracht haben, elektrischen Strom für Heiz- und Kochzwecke zu nutzen (Klaus Plitzner, Friedrich Wilhelm Schindler, Pionier der Elektrowärme, in: Industriearchäologie Nr. 1/1988, S. 11–14).
Schindler gründete die Firma „Elektra", später als „Elektra Bregenz" bekannt. Seine private Villa Grünau in Vorarlberg wurde bereits vor 1900 elektrisch beheizt und hieß im Volksmund nur das „elektrische Haus". Nach dem großen Erfolg in Chicago zeigte er seine Erfindungen bei zahlreichen weiteren Ausstellungen, beispielsweise in Leipzig, Stuttgart oder Baden-Baden.

2 W. Schulz, Der elektrische Herd und seine Kochplatten im Wandel der Zeit, in: Die Elektro-Post, Nr. 36/1949, S. 13–15.

3 Plitzner (wie Anm. 1), S. 12.

4 Wilhelm Beck, Die Elektrizität und ihre Technik. Eine gemeinverständliche Darstellung der physikalischen Grundbegriffe und der praktischen Anwendung der Elektrizität, Leipzig 1899, 5. erw. Auflage, S. 549. Selbst in der 9. Auflage dieses Werkes 1924 ist dem elektrischen Kochen nur ein kurzer Abschnitt gewidmet. Da lediglich Einzelkocher, nicht aber Elektroherde erwähnt oder abgebildet sind, können wir annehmen, dass solche Geräte immer noch kaum verbreitet waren.

5 Richard Gollmer, Die vornehme Gastlichkeit der Neuzeit. Ein Handbuch der modernen Geselligkeit, Tafeldekoration und Kücheneinrichtung, Leipzig 1909.

6 50 Jahre Berliner Elektrizitätswerke. 1884–1934, Berlin 1934, S. 73.
7 Frauke Langguth, „Elektrizität in jedem Gerät". Die Elektrifizierung der privaten Haushalte am Beispiel Berlin, in: Haushaltsträume. Ein Jahrhundert Technisierung und Rationalisierung im Haushalt, bearb. v. Barbara Orland, Königstein 1990, S. 93–102.
8 Roswitha Müller, Helmut Glaser, Begleittexte zur Ausstellung „Wie der Strom ins Haus kam", Heimat- und Museumsverein Kraichtal 2006.
9 Georg Dettmar, Elektrizität im Hause. In ihrer Auswirkung und Wirtschaftlichkeit dargestellt, Berlin 1911, S. 82ff.
10 Ebd. S. 94ff.
11 Langguth, wie Anm. 3, S. 94ff.
12 K. Löchner, Rückblick auf den 25jährigen Siegeszug der Elektroküche in Deutschland von 1929–1954, o.O., o.J.
13 So schreibt die BEWAG in ihrer Festschrift (wie Anm. 4, S. 74): „Als dann 1930 der Absatz immer weiter zurückging, suchte man durch das elektrische Kochen die installierte Kraftwerkleistung besser auszunützen ... Bald konnte man 1.400 Neubauwohnungen in geschlossenen Siedlungsblöcken mit Elektroherden ausrüsten."
14 Ebd. S. 76ff.
15 Marlis Prinzing, Strom für das Neckarland. Die Geschichte der Neckarwerke von 1900 bis 1945, St. Katharinen 2000, S. 237ff.
16 Einen guten Marktüberblick zu jener Zeit bietet Friedrich Mörtzsch, Elektrisches Kochen. Erfahrungen über Auswahl und Betrieb elektrischer Kochgeräte für Haushalts- und Großküchen, Berlin 1932.
17 Briefentwurf der „Schwarzwälder Zangenkontakt Werkstätte (SZW)" Oberweiler vom 31. Mai 1927.
18 Elektrizität im Haushalt (Broschüre der Firma Siemens), o.O. o.J.
19 Erna Meyer, Der neue Haushalt. Ein Wegweiser zu wirtschaftlicher Haushaltsführung, Stuttgart o.J. (11. Auflage, Erstausgabe 1926), S. 43ff.
20 ELGO selbständiger elektrischer Kochherd, Oberweiler o.J. (1927).
21 E.G.O.-Broschüre „Gebrauchswert unserer leichten Plattenarten", Oberderdingen 1937.
22 E.G.O., „Erfahrungen und Entwicklungen. Eine zwanglose Folge von Mitteilungen für unsere Kunden", August 1936, Nr. 1.
23 „Heizplatten für Elektroherde in Leichtbauweise", in: Helios, Fach-Export-Zeitschrift für Elektrotechnik, 1938, Nr. 10 (dreisprachig).
24 Es ist interessant, dass die aus Oberderdingen stammenden Brüder August und Carl Aschinger bei der Gründung ihres Bierquellen-Imperiums in Berlin das gleiche Prinzip verfolgt haben: Alle in ihren Schnellrestaurants angebotenen Speisen von der Erbsensuppe bis zur Bierwurst wurden mit gigantischem Aufwand in der eigenen Großküche und Bäckerei hergestellt, um dem Slogan „Beste Qualität bei günstigstem Preis" gerecht zu werden (vgl. Karl-Heinz Glaser, Aschinger's Bierquellen erobern Berlin, Ubstadt-Weiher 2004).
25 Erfahrungen und Entwicklungen. Hauszeitschrift der Firma EGO, August 1937 (Nr. 2).
26 Löchner wie Anm. 7.
27 Karl Fischer, Bestückung von Großherden, insbesondere für Gefolgschaftsküchen, mit ausgelegten Heizflächen, in: Die Elektrizitätswirtschaft, Zeitschrift der Vereinigung der Elektrizitätswerke (V.d.E.W.), 40. Jg, Heft 15 v. 25.05.1941, S. 260–262. Mit „Gefolgschaft" wurde im Sprachgebrauch des Dritten Reiches die gesamte Belegschaft eines Betriebes bezeichnet.

zu Kapitel 4

1 Karl Banghard, Ursprung alles Seins ist das gläubige Ja. Zum 100. Geburtstag von Karl Fischer am 3. März 1993, Oberderdingen 1993, S. 24.
2 Wolfgang Zängl, Deutschlands Strom. Die Politik der Elektrifizierung von 1866 bis heute, Frankfurt a.M., New York 1989, S. 243ff.

3 Langguth (wie Kap. 5), S. 97.
4 Motto der Isar-Amperwerke 1958, zitiert nach Wolfgang Zängl, Deuschlands Strom. Die Politik der Elektrifizierung von 1866 bis heute, Frankfurt a.M., New York 1989, S. 244. Vgl. diese Studie auch zum folgenden Abschnitt.

zu Kapitel 5

1 Hier und folgend: „Du und der Betrieb" (=E.G.O.-Werkzeitung) vom 12. September 1958.
2 Karl Fischer, in: „Du und der Betrieb" (=E.G.O.-Werkzeitung) vom 19. Dezember 1958.
3 E.G.O. 75 Jahre Jubiläumsheft, S. 21. Zu Karl Fischers „Sozialwerk": „Du und der Betrieb" (=E.G.O.-Werkzeitung) vom 3. März 1961; Sozialpolitik bei E.G.O. – Vorwegnahme tariflicher und gesetzlicher Regelungen, in: Die Brücke. Werkzeitschrift der E.G.O. Elektro-Gerätebau GmbH. 60 Jahre E.G.O. (10. Sept. 1931–10. Sept. 1991), Ausgabe Nr. 3, Oktober 1991, S. 14f.; Seine Arbeit in der E.G.O. als Hilfe für andere aufgefaßt, in: „Ursprung alles Seins ist das gläubige Ja". Zum 100. Geburtstag von Karl Fischer am 3. März 1993, S. 38ff.
4 Karl Fischer, in: „Du und der Betrieb" (=E.G.O.-Werkzeitung) vom 19. Dezember 1958.
5 Karl Fischer (September 1973), in: „Ursprung alles Seins ist das gläubige Ja". Zum 100. Geburtstag von Karl Fischer am 3. März 1993, S. 3–6.
6 Karl Fischer, in: „Ursprung alles Seins ist das gläubige Ja". Zum 100. Geburtstag von Karl Fischer am 3. März 1993, S. 20.
7 Erwin Breitinger, in: „Ursprung alles Seins ist das gläubige Ja". Zum 100. Geburtstag von Karl Fischer am 3. März 1993, S. 38–42.
8 Heinz Treffinger, in: „Ursprung alles Seins ist das gläubige Ja". Zum 100. Geburtstag von Karl Fischer am 3. März 1993, S. 43f.
9 Dr. Erich Häußer, in: „Ursprung alles Seins ist das gläubige Ja". Zum 100. Geburtstag von Karl Fischer am 3. März 1993, S. 31f.
10 E.G.O.-Mitarbeiterinnen und Mitarbeiter, in: „Ursprung alles Seins ist das gläubige Ja". Zum 100. Geburtstag von Karl Fischer am 3. März 1993, S. 32ff.
11 E.G.O. als Vorreiter ethischen Handelns ausgezeichnet, in: E.G.O. Sonderdruck. Ethics in Business 2005. Vorreiter ethischen Handelns.

zu Kapitel 6

1 Zu den Verleumdungen: Egon Stiefel: Heinrich Blanc – Mensch, Bürger und Unternehmer im politischen Umfeld (Manuskript, Oberderdingen 2003), S. 1–12.
2 Egon Stiefel kommt zu folgendem Fazit: „Das politische Umfeld der NS-Zeit hat ihn (Blanc) weder als Mensch, als Bürger oder als Unternehmer von seinem geraden Weg abgebracht." (Manuskript, S.12).
3 Zu den Jahren nach Kriegsende: Egon Stiefel, in: BLANCO 75 Jahre Jubiläumsheft, S. 27f.; Oswald Treffinger, in: BLANCO 75 Jahre Jubiläumsheft, S. 28f.; Oswald Treffinger – Gespräch vom 30.11.2005.
4 Zur Exportmesse in Hannover: 20 Jahre Messen und Ausstellungen, in: BLANCO-Presse, 7/68, S. 15–16; Oswald Treffinger, in: BLANCO 75 Jahre Jubiläumsheft, S. 28f.
5 Oswald Treffinger, in: BLANCO 75 Jahre Jubiläumsheft, S. 28f., hier S. 28.
6 Ebenda, S. 29.
7 BLANCO 75 Jahre Jubiläumsheft, S. 37. Angeregt zur Umstellung auf Edelstahl wurde Heinrich Blanc durch Prof. Haas, einen Geschäftsfreund.
8 Egon Stiefel, in: BLANCO 75 Jahre Jubiläumsheft, S. 28.
9 Werk Sulzfeld, in: BLANCO-Presse, 3/65, S. 20.
10 Ebenda, S. 20.
11 Aus unserer Heimat Oberderdingen. Zum 1200. Geburtstag der Gemeinde, Oberderdingen 1965, S. 138.

12 Dipl.-Ing. Ernst Metzger, Gedenkrede zum Tode von Herrn Fabrikant Heinrich Blanc, Oberderdingen, 12. April 1960.
13 „Tausende nahmen Abschied von H. Blanc. Allseits wurden die Verdienste des Wirtschaftspioniers gewürdigt", Zeitungsbericht, (Quelle unbekannt).
14 Du und der Betrieb, Ausgabe vom 29. April 1960.
15 Gelungene Jubiläumsfeier auf dem Killesberg, in: BLANCO-Presse, 3/65, S. 10–13, hier S. 10.
16 Ebenda, S. 10.
17 Ebenda, S. 12.
18 Ebenda, S. 13.
19 Zur Datenverarbeitung: Aus der Abteilungsarbeit, in: BLANCO-Presse, 3/65, S. 6; sowie: BLANCO 75 Jahre Jubiläumsheft, S. 44.
20 4 000 000 Edelstahlspültische, in: BLANCO-Presse, 10/69, S. 4f.
21 Ebenda, S. 4.
22 Ebenda, S. 4.
23 Ebenda, S. 4.
24 Lehrlingsausbildung erhält neue Impulse. Lehrzentrum der Firma BLANC + CO in Kürnbach feierlich übergeben, in: BLANCO-Presse, 6/67, S. 14–16.
25 Ebenda, S. 16.
26 Aus der „Jungen-Geschichte", in: BLANCO-Presse, 3/65, S. 15f.
27 Aus der „Alten-Chronik", in: BLANCO-Presse, 3/65, S. 14f.
28 Ebenda, S. 14.
29 Zum Unterstützungsverein: Noch ein Jubiläum, in: BLANCO-Presse, 3/65, S. 14; sowie: Unterstützungsverein BLANC + CO., e.V., in: BLANCO-Presse, 10/69, S. 11.
30 Zu diesem Produktionsjubiläum: Der 5-millionste Spültisch gefertigt, in: BLANCO-Presse, 16/71, S. 16; BLANCO auf der 6. ish in Frankfurt, in: BLANCO-Presse, 17/71, S. 4f.; BLANCO Pressekonferenz in Frankfurt, in: BLANCO-Presse, 17/71, S. 5.
31 BLANCO auf der 6. ish in Frankfurt, in: BLANCO-Presse, 17/71, S. 4.
32 Ebenda, S. 5.
33 BLANCO Pressekonferenz in Frankfurt, in: BLANCO-Presse, 17/71, S. 5.
34 Ebenda, S. 5.
35 Ebenda, S. 5.
36 Zu dieser neuen Datenverarbeitung: Neues Rechenzentrum in Sternenfels, in: BLANCO-Presse, 20/72, S. 5f.; Tag der offenen Tür bei BLANCO Sternenfels, in: BLANCO-Presse, 23/72, S. 19; Daten und Taten. BLANCO als Pionier in der Datenverarbeitung, in: BLANCO 75 Jahre Jubiläumsheft, S. 44f.
37 Reinhard Fischer, in: BLANCO 75 Jahre Jubiläumsheft, S. 26.
38 Ebenda, S. 26.
39 Oswald Treffinger, in: BLANCO 75 Jahre Jubiläumsheft, S. 28f., hier S. 29.
40 Medizintechnik im Osten gut gestartet, in: Brettener Nachrichten vom 22. Februar 1992.
41 Distributionszentrum Bruchsal, in: BLANCO 75 Jahre Jubiläumsheft, S. 47.
42 Geschäftsbilanz 2005. BLANCO weiter auf Wachstumskurs (Mai 2006), in: BLANCO-Homepage Pressemitteilungen 2006.
43 Ethik im Wirtschaftsleben. Zivilcourage ist gefragt (Dezember 2002), in: BLANCO-Homepage Pressemitteilungen 2003.
44 Ebenda.
45 Unternehmensleitlinien, in: BLANCO-Homepage.
46 Ebenda.
47 BLANCO CLARONLINE-IF gewinnt den IF GOLD AWARD 2007 – Ausgezeichnet Spülen (15. März 2007), in: BLANCO-Homepage Pressemitteilungen.
48 Ebenda.
49 Ebenda.
50 Spatenstich für 20-Millionen-Euro-Projekt in Deutschland – BLANCO baut neues Logistik-Zentrum (1. Januar 2007), in: BLANCO-Homepage Pressemitteilungen.

zu Kapitel 7

1 Die aktuellen Leitlinien sind im Internet unter www.blanco.de publiziert.
2 Die Leitlinien sind unter www.blanco.de publiziert.
3 Vgl. hierzu: Georg Fischer, Geschäftsführender Gesellschafter und Sohn des Firmengründers (in: E.G.O. 75 Jahre Jubiläumsheft, S. 41): „(Wir) legen ... großen Wert darauf, dass E.G.O. in seinem ökonomischen Handeln immer ein menschliches Gesicht zeigt. Für unsere Kunden wie für unsere Mitarbeiter möchten wir ein verlässlicher und vertrauenswürdiger Partner sein."
4 Heinz Treffinger, in: E.G.O. 75 Jahre Jubiläumsheft, S. 5.
5 Die Leitlinien der E.G.O. sind ebenfalls im Internet unter www.egoproducts.com nachzulesen.

zu Kapitel 8

1 Das Viertel der guten Viertele, in: BLANCO 75 Jahre Jubiläumsheft, S. 32f., hier S. 32.
2 Ausstellung in Oberderdingen. Den Wurzeln der Industrie nachgegangen, in: Brettener Nachrichten vom 28.Oktober 1991; Vor 60 Jahren war der Zufall ein Glücksfall. Blanc und Fischer entwickelten Landgemeinde zu bedeutendem Industriestandort, in: Brettener Nachrichten vom 25. Oktober 1991.
3 Die Bedeutung der E.G.O. für die Gemeinden, in: Die Brücke. Werkzeitschrift der E.G.O. Elektro-Gerätebau GmbH. 60 Jahre E.G.O. (10.Sept. 1931–10.Sept. 1991), Ausgabe Nr.3, Oktober 1991, S. 19.
4 Vorwort von Frank Straub, in: BLANCO 75 Jahre Jubiläumsheft, S. 3.
5 Unternehmensleitlinien, in: BLANCO-Homepage.
6 Thomas Nowitzki, in: E.G.O. 75 Jahre Jubiläumsheft, S. 55.
7 BLANCO spült auch durstige Kehlen, in: BLANCO-Presse, 5/66, S. 6f., hier S. 6.

zu Kapitel 9

1 Ralph Wiechers, Familienmanagement zwischen Unternehmen und Familie, Heidelberg 2006, S. 13f.
2 Fritz B. Simon, Familie und Unternehmen. Überlegungen zu Unterschieden, Gemeinsamkeiten und den Folgen, in: ders. (Hg.), Die Familie des Familienunternehmens. Ein System zwischen Gefühl und Geschäft, Heidelberg 2005 (2. Aufl.), S. 17–34.

Quellen und Literatur

Archive und Quellen

Firmenarchive BLANCO und E.G.O.
Gemeindearchiv Badenweiler
Gemeindearchiv Oberderdingen
Wirtschaftsarchiv Hohenheim
Chronik der Firma BLANCO (Manuskript)
STIEFEL, Egon, Heinrich Blanc – Mensch, Bürger und Unternehmer im politischen Umfeld (Manuskript), Oberderdingen 2003
TREFFINGER, Heinz, 50 Jahre Mitarbeit, Verantwortung, Führung der E.G.O.-Unternehmensgruppe 1938–1988, Oberderdingen 1988

Literatur

ADAM, Thomas, In den Dörfern geh'n die Lichter an. Menschen, Alltag, Elektrizität: Geschichte der Stromversorgung in Untergrombach und im Bruchsaler Raum (=Beiträge zur Heimatgeschichte. Bd. 2), Bruchsal-Untergrombach 1999.

AUS DER KÜCHE UM 1900, hrsg. von Eva STILE und Peter BEITLICH, München 1978.

AUS UNSERER HEIMAT OBERDERDINGEN, hrsg. von der Gemeinde Oberderdingen, Oberderdingen 1966.

AUSSTELLUNGSLEITUNG HEIM UND TECHNIK (Hg.), Der Haushalt als Wirtschaftsfaktor, München 1928.

BAHN, Peter, „Weiße Ware" – Bretten und seine Herdindustrie, Aachen 1990.

BECHER, Ursula A., Geschichte des modernen Lebensstils. Essen – Wohnen – Freizeit – Reisen, München 1990.

BEWAG (Hg.), 100 Jahre Strom für Berlin. Ein Streifzug durch unsere Geschichte in Wort und Bild 1884–1984, Berlin 1984.

BIELING, Friedrich und SCHOLL, Paul, Elektrogeräte für den Haushalt – Ihre Entwicklung im Hause Siemens, München 1966.

BINDER, Beate, Elektrifizierung als Vision. Zur Symbolgeschichte einer Technik im Alltag, Tübingen 1999.

BRAUN, Hans-Joachim und KAISER, Walter, Energiewirtschaft, Automatisierung, Information seit 1914, Berlin 1992 (= Propyläen Technikgeschichte. Bd. 5).

BRÖDNER, Erika, Modernes Wohnen, München 1954.

BÜGGELN, Heinrich, Elektrische Großwirtschaft unter staatlicher Mitwirkung in Württemberg, Stuttgart 1916.

BUSSEMER, Herrad U. u.a., Zur technischen Entwicklung von Haushaltsgeräten, in: Gerda Tornieporth (Hg.), Arbeitsplatz Haushalt. Zur Theorie und Ökologie der Hausarbeit, Berlin 1988, S. 116–127.

DERS. u.a., Zur Sozialgeschichte der Haushaltstechnik, Erster Zwischenbericht, Berlin 1985 und Zweiter Zwischenbericht, Berlin 1987.

DETTMAR, Georg, Die Elektrizität im Hause, Berlin 1911.

Elektrische Hilfen für Haus und Hof: Die Elektrifizierung Oberschwabens durch den Bezirksverband Oberschwäbische Elektrizitätswerke (OEW), hrsg. vom Landkreis Biberach, Jürgen Gysin, Bad Buchau 1991.

Die ELEKTRISIERTE Gesellschaft. Ausstellung des Badischen Landesmuseums in Zusammenarbeit mit dem Badenwerk aus Anlaß des 75jährigen Jubiläums. 6. Juli bis 13. Oktober 1996, Karlsruhe 1996.

ELEKTRIZITÄT in jedem Gerät. Stromversorgung in ländlichen Gebieten am Beispiel des Kreises Steinburg. Katalog zur gleichnamigen Ausstellung im Kreismuseum Prinzeßhof, Heide 1991.

FABER, Gustav, Badenweiler. Ein Stück Italien auf deutschem Grund, 3. Aufl., Badenweiler 1990.

FICHTLSCHERER, Norbert, Geschichtliche Miniaturen aus Badenweiler, 2. Aufl., Badenweiler 2004.

FISCHER, Wolfram (Hg.), Die Geschichte der Stromversorgung, Frankfurt a.M. 1992.

FRAUNBERGER, Fritz, Illustrierte Geschichte der Elektrizität, Köln, Gütersloh 1985.

FREDERICK, Christine, Die rationelle Haushaltsführung. Betriebswirtschaftliche Studien übersetzt von Irene Witte, Berlin 1921.

GILSON, Norbert, Konzepte von Elektrizitätsversorgung und Elektrizitätswirtschaft. Die Entstehung eines neuen Fachgebietes der Technikwissenschaften zwischen 1880 und 1945, Stuttgart 1994.

GRUBE, Frank und RICHTER, Gerhard, Das Wirtschaftswunder. Unser Weg in den Wohlstand, Hamburg 1983.

GUNDEL, Robert, Aus der Geschichte der Elektrotechnik besonders in Württemberg, in: Material aus der Geschichte der Elektrotechnik in Württemberg, Stuttgart 1933.

GYSIN, Jürgen, Geschichte der Stromversorgung in Nagold und Umgebung, Stuttgart 1993.

DERS., Geschichte der Stromversorgung im württembergischen Allgäu, Stuttgart 1993.

HAUSHALTS(T)RÄUME. Ein Jahrhundert Technisierung und Rationalisierung im Haushalt. Begleitbuch zur gleichnamigen Ausstellung, bearbeitet von Barbara ORLAND, Königstein 1990.

HEIMATKREIS OBERDERDINGEN (Hg.), Aschingerhaus Oberderdingen: Die Ehrenbürger – das Haus – die Galerie, Oberderdingen o.J. (2002).

HERZIG, Thomas, Wirtschaftsgeschichtliche Aspekte der deutschen Elektrizitätsversorgung 1880–1990, in: Wolfram FISCHER (Hg.), Die Geschichte der Stromversorgung, Frankfurt a.M. 1992, S. 123–166.

HESS, I. und KRECK, H.-J., „Der Elektroherd hat seine Geschichte". elektrowärme international, 31 (1973) A3 Mai, A 117–26.

JOKISCH, Rodrigo (Hg.), Techniksoziologie, Frankfurt a.M. 1982.

KICHERER, Gabriele, Geschichte und Bedeutung der Marke Neff, Diplomarbeit, Oberderdingen 1994.

KITTLER, L., Erfahrungen mit elektrischen Haushaltsküchen in einem süddeutschen Überlandwerk, in: Elektrowärme 1930, S. 60–70.

KLETT, David, Zwischen Kompetenz und Herkunft – zwischen Gleichheit und Selektion. Paradoxe Anforderungen an Familienunternehmen und ihre Unternehmensfamilien, Heidelberg, 2005.

KLINGENBERG, Georg, Bau großer Elektrizitätswerke. 2 Bde., Berlin 1913–1914, 2. Aufl. 1926.

KÖNIG, Wolfgang und WEBER, Wolfhard, Netzwerke, Stahl und Strom 1840–1914, Berlin 1990
(= Propyläen Technikgeschichte. Bd. 4).

LANGGUTH, Frauke, Zur Geschichte der Elektrifizierung der privaten Haushalte. Die Absatzpolitik der BEWAG gegenüber den privaten Haushalten in Berlin während der Weimarer Republik. Maschinenschriftliche Magisterarbeit, Berlin 1988.

LEINER, Wolfgang, Werbung und Verkauf bei Elektrizitätswerken und die Elektrogemeinschaften, Stuttgart 1979.

DERS., Geschichte der Elektrizitätswirtschaft in Württemberg, Bd. 2,1: Die Zeit der Vollabdeckung (1896–1915), Bd. 2,2: Der Weg zur Großwirtschaft (1916–1945), Stuttgart 1985.

LEYHAUSEN, Margareta, Rationalisierung des Haushalts durch Elektrizität, Nürnberg 1948.

LINDNER, Helmut, Strom. Erzeugung, Verteilung und Anwendung der Elektrizität, Reinbek bei Hamburg 1985.

MEYER, Erna, Der neue Haushalt. Ein Wegweiser zur wirtschaftlichen Haushaltsführung, Stuttgart 1926.

VON MILLER, Oskar, Gutachten über die Reichselektrizitätsversorgung, Berlin 1930.

Mörtzsch, Fr., Vom Bügeleisen zur Elektroküche, München, Wien 1953.

MÜLLER, Herbert Franz, 10 Jahre Gemeinschaftswerbung in der Elektrizitätswirtschaft, in: Elektrizitätswirtschaft 33, 1934, S. 106–109.

„EINE NEUE ZEIT ...!" Die Internationale Elektrotechnische Ausstellung 1891 [Ausstellungskatalog], Frankfurt am Main 1991.

NIEMSCH, Günther, Der gegenwärtige Stand des Wettbewerbs zwischen Elektrizität und Gas mit besonderer Berücksichtigung der Verwendung im Haushalt, Würzburg 1935.

ORLAND, Barbara, Effizienz im Heim, in: Kultur und Technik 4/1983, S. 222–228.

OTT, Hugo (Hg.), Statistik der öffentlichen Elektrizitätsversorgung Deutschlands 1890–1913. Bearbeitet von Thomas HERZIG unter Mitarbeit von Philipp FEHRENBACH und Michael DRUMMER, St. Katharinen 1986 (= Quellen und Forschungen zur Historischen Statistik von Deutschland. Bd. 1).

OTT, Hugo und HERZIG, Thomas unter Mitarbeit von Rudi ALLGEIER und Philipp FEHRENBACH, Elektrizitätsversorgung von Baden, Württemberg und Hohenzollern 1913/14, Stuttgart 1981 (= Historischer Atlas von Baden-Württemberg. Karte XI.9 und Beiwort).

PFEIFFER, Eduard, Die Technik des Haushalts, Stuttgart 1928.

PLITZNER, Klaus, „The Amazing Magic that Lives in a Wire. Eine Gegenüberstellung der Welt der Elektrizität in der deutschen „Gartenlaube" und im amerikanischen „Ladies' Home Journal" bis Mitte der 1920er-Jahre mit spezieller Betrachtung des elektrischen Kochens, in: Ders. (Hg.), Elektrizität in der Geistesgeschichte, Bassum 1998, S. 87–104.

PRINZING, Marlis, Strom für das Neckarland. Die Geschichte der Neckarwerke von 1900 bis 1945, o.O.

SACHSE, Carola, Siemens, der Nationalsozialismus und die moderne Familie. Eine Untersuchung zur sozialen Rationalisierung in Deutschland im 20. Jahrhundert, Hamburg 1990.

SANDGRUBER, Roman, Strom der Zeit. Das Jahrhundert der Elektrizität, Linz 1992.

SCHARRER, Hans, Die Strombedarfsgestaltung der städtischen Kleinabnehmer unter besonderer Berücksichtigung der Elektrowärme, 1933.

60 JAHRE E.G.O. (10. Sept. 1931–10 Sept. 1991) = Die Brücke. Werkzeitschrift der E.G.O. Elektro-Gerätebau GmbH, Ausg. Nr. 3, Oberderdingen 1991.

SIEMENS. Elektrizität im Haushalt. Arbeitsunterlagen für den Architekten, o. O., o. J. [1936].

SIMON, Fritz B. (Hg.), Die Familie des Familienunternehmens. Ein System zwischen Gefühl und Geschäft, 2. Aufl., Heidelberg 2005.

STIER, Bernhard, Politische Steuerung großtechnischer Systeme. Elektrizität und Energiepolitik in Baden 1890–1935, in: Zeitschrift für die Geschichte des Oberrheins 142 (1994), S. 249–300.

STADT UNTER STROM. Zur Kulturgeschichte der Elektrifizierung. Eine Ausstellung des Heimatmuseums Charlottenburg, Berlin o.J. (1990).

STEINMANN, Antonie, Die tüchtige Hausfrau, Bd. 1, Stuttgart-Wien 1913.

DERS., Württembergs energiepolitischer Sonderweg. Kommunale Stromselbsthilfe und staatliche Elektrizitätspolitik 1900–1950, in: Zeitschrift für württembergische Landesgeschichte 54 (1995), S. 227–279.

DERS., Staat und Strom. Die politische Steuerung des Elektrizitätssystems in Deutschland 1890–1950, Ubstadt-Weiher 1999 (= Technik und Arbeit. Schriften des Landesmuseums für Technik und Arbeit in Mannheim. Bd. 10).

TEICHMANN, Jürgen, Elektrizität (Deutsches Museum), München 1985.

TORNIEPORTH, Gerda (Hg.), Arbeitsplatz Haushalt. Zur Theorie und Ökologie der Hausarbeit, Berlin 1988.

TROITZSCH, Ulrich, WEBER, Wolfhard (Hg.), Die Technik. Von den Anfängen bis zur Gegenwart, Braunschweig 1982 (u.a. mit Beitrag von B. ORLAND, Technik im Alltag des Haushalts und Wohnens).

UHLIG, Günther, Kollektivmodell „Einküchenhaus". Wohnreform und Architekturdebatte zwischen Frauenbewegung und Funktionalismus, 1900–1933, Gießen 1981.

VON URBANITZKY und RITTER, Alfred, Die Elektricität im Dienste der Menschheit. Eine populäre Darstellung der magnetischen und elektrischen Naturkräfte und ihrer praktischen Anwendungen. Nach dem gegenwärtigen Standpunkte der Wissenschaft bearbeitet, Wien/Pest/Leipzig 1885, 2. Aufl. 1892.

WIECHERS, Ralph, Familienmanagement zwischen Unternehmen und Familie, Heidelberg 2006.

WILKE, Arthur, Die Elektrizität. Ihre Erzeugung und ihre Anwendung in Industrie und Gewerbe. 9. Aufl., Leipzig 1896.

VON WEIHER, Sigfrid und GOETZELER, Herbert, Weg und Wirken der Siemens-Werke im Fortschritt der Elektrotechnik 1847–1980, Berlin, München 1981.

WERNICKE, Karl, Die Elektritzität im Haushalt, Leipzig 1910.

ZÄNGL, Wolfgang, Deutschlands Strom. Die Politik der Elektrifizierung von 1866 bis heute, Frankfurt a.M., New York 1989.

ZELLER, A.P., Das Reich der Hausfrau, Konstanz o.J. (um 1930).

ZIPP, Hermann, Alles elektrisch. Ein Wegweiser für Haus und Gewerbe, Berlin 1911.

DIE ZWEITE INDUSTRIELLE REVOLUTION. Frankfurt und die Elektrizität 1800–1914. Bilder und Materialien zur Ausstellung im Historischen Museum Frankfurt. Bearbeitet von Jürgen STEHEN, Frankfurt a.M. 1981.